スチームパンク
Fashion Book

完全装備読本

スチームパンカーズJAPAN

マイナビ

パラレル蒸気時代のジパング物語

平成の今、
蒸気時代のジパングが蘇る。
でもそれは
スチームパンカーズだけが
共有する、シークレット・
パラレルワールドの物語…。

蒸気ワールドの
米利堅国から

蒸気パンクスの者共よ、急げ。黒船出立の刻限に合わせ、
タイムマシンに乗って極東の地「ジパング」へと向かうのだ。

海と時空を越える、米利堅国の
蒸気ガールモデル★ゆら

背景図版／横浜開港資料館所蔵（P3〜5）
背景イラスト／塚原重義／弥栄堂（P6〜8）
撮影ガジェット協力／handmano（P8）
kk.（P9）
撮影小物協力／弥栄堂、Strange Artifact、
錦田景竜、目羅嘉也、山本留吉
※服のクレジットは、P144にあります

来れ蒸気世界よ、
ジパングへと

1853年、マシュウ・ペルリ率いる
蒸気船4隻が浦賀に来航、日本に開国を迫った。

ペルリモデル★アライ

変革の嵐吹きすさぶ
〜幕末のジパング〜

明治維新は、黒船に忍ぶ密使・蒸気パンクスの手により速やかに行なわれたことについては、

知る者はあまりいない。日出る国は蒸気の力による近代化を急ぐこととなった。

幕末の志士モデル★
裏口入学

ジパングの近代化 〜明治時代〜

明治に入り、ジパングの近代化は恐るべきスピィドで進められていく。

蒸気パンクスはまず華族の中に入り込み、政治を動かしていった。

鹿鳴館の華族モデル★
玉虫ナヲキ

蒸気モダンの黎明期
〜大正時代〜

やがて起こる
太平洋戦争を前に、
歯車踊る
輝かしきモダンと発明の
大正時代を享受する
スチームのモガやモボがいた

大正モダンガァル
モデル★ゆら

大衆文化華やぐ
～昭和初期～
この頃には、
蒸気パンクスは
大衆の中にまで
入り込んでいた
新聞記者モデル★
塚原重義（弥栄堂）

戦争時代への突入
〜昭和16年以降〜
昭和16年、ジパングは開戦を宣言した。
蒸気パンクス達は
母国・スチーム世界の米利堅国に戻るのか。
今や第二の故郷として、
いやそれ以上に深く愛してしまった
リアルジパングに留まるのか。

決意する飛行士モデル★
ゆら

そして現代、
平成時代

昭和20年の終戦と共に、身を潜めていた蒸気パンクス。
平成の今、蒸気の力に電子の力を得て、
彼らは復活の時を迎えたのである。

電子時代に甦る、
蒸気ガールモデル★ゆら

CONTENTS

背景図版／横浜開港資料館所蔵

イラスト／Mai Aimheart

●本書の記載は、2015年10月現在の情報に基づいています。そのため、問い合わせ先や商品名、価格、その他の情報が変更になっている場合があります。●掲載商品に関しては、参考商品や、現在取り扱いがないものもあります。

第1章

カスタマイズでキメるスチームパンカーズ！

スチームパンクの基本は、手作りとカスタマイズ！
自分でオリジナルの小物を製作したり、
購入したものも、ちょっと手を加えて
スチームパンク風にアレンジするのがお約束。
もちろんブランド物を使っても、上手にＭＩＸ！
そんなスチームパンカー達が装備をキメた姿を見せてもらおう

横浜スチームパンクの志士達

ーパラレル明治における、Iruma Riokaの物語ー

もともと貿易で栄えた名家の娘だったが、
海賊の襲撃に遭い没落。その時負った傷を
隠すために、眼帯をしている。
ミッションは「家を再建すること」。そのため、
はるばるジパングまでやって来た。

Iruma Rioka
（Hollow Mellow ボーカル）

ファッション・テーマ
ヴィクトリアン・スチーム

ヘッドドレス／ corgi-corgi で
眼帯／ ALICE and the PIRATES で
ドレス／ abilletage で
銃／ネットで
※全て本人私物

リアルスチームパンカー7名が
明治時代の街の様子を色濃く残す、
麗しき港町・横浜に集合。
各自が思い思いの装備で身を固め
ペルリ来航後の
「スチームパンクなパラレル明治時代」における
自分のキャラクターを演じ、語る。

ーパラレル明治における、ヨゼフ太郎の物語ー

民間の精神科医でありながら、軍に協力をしている医官、元陸尉。ミッションは「各国の動向を探り、列強によるアジアの植民地化を阻止すること」。諜報工作をする日々を送っている。

ヨゼフ太郎

ファッション・テーマ

列強と肩を並べるべくホワイトタイ着用、
かつ日本の民族衣装を合わせて、
オリエンタルな威厳を醸し出す

帽子／下北沢のアンティークショップで購入した
CHRISTY'S LONDONのもの
これに色柄の和紙を加工貼りつけ
羽／100円ショップで
ギア／プラスヴォーチェ他で
ゴーグル風眼鏡／A STORY TOKYOで購入した部品を
加工して作成
マント／知人から譲り受けたコートに、
自宅の桐箪笥の取っ手や、
着なくなった服のパーツを縫いつけた
シャツ／原宿 YELLOW HOUSEで
リボンタイ／娘が使用しなくなった
スカーフにウサギのアクセをプラス
ベルト類／骨董市で
袴カバー／七五三用の着物を加工
袴／福服川越店で
※全て本人私物

―パラレル明治における、soarの物語―

秘密結社の本体である財閥の養子として、人間世界である地球に捜し物に来訪し、ヒトの形をまとうことにした多次元跳躍者。西暦 1919 年を基準に、時空を行き来している。ミッションは「様々な並行世界の行き来の中で遺失し奪われた『万能の鍵』を、人間世界の 21 世紀に実在するある少女から取り戻すこと」。人間世界にある『音楽』を大いに好んでいる。しかし時空を歪める重力には、毎日苦しめられている。

soar

ファッション・テーマ

ヒトの形をまとうことにした
多次元跳躍者

ベスト／既製品をカスタム
シャツ／ OZZ ONESTE で
パンツ／ ALICE and the PIRATES で
ヴァイオリン／自作
※全て本人私物

ーパラレル明治における、深川条約機構の物語ー

元陸軍軍人で、いつも悪いことを企んでいる、
スチームパンク・マフィア。
ミッションは「國崩し」で、趣味は酒と銃と刀。

深川条約機構

ファッション・テーマ
ネオヴィクトリアンのスチームパンク・マフィア

帽子／BODY LINEで買ったものをカスタム
ベスト／古着店で
シャツ、パンツ／ユニクロで
時計／JHAで
バッグ／自作
※全て本人私物

ーパラレル明治における、Natsuko の物語ー

人間以外の種族も共存している、蒸気とからくりの國ジパングの、安土城城下町。そこの楽市商店路地裏にある小さなお店で占いを商売としている。しかしその真の姿は、街で噂のからくり狐団の幹部。謎の空賊と哲学者が主催する、時間旅行が大好き。

Natsuko

ファッション・テーマ
和装スチームパンク
義賊からくり狐団見参

簪、チューブヘッドドレス、
ネックレス／自作
羽織／骨董市で
シャツ／axes femme で
イヤーフック／ピパソデザインで
コルセット／ NUDE N' RUDE で
腰布／子供羽織をリメイク
試験管アクセサリー／自作
狐の面／アマゾンで購入してカスタム
時計／ JHA で
バッグ／自作
※全て本人私物

ーパラレル明治における、紅桜ゆとの物語ー

人間に化けて、祭りなどで篠笛を吹いて楽しんでいる音楽好きの狐。狐耳や尻尾などは、狐の術で人間の目には見えない。ミッションは「篠笛の音色で人間を魅了すること」。最近は蒸氣式立体印刷機（3D プリンター）で作ってもらった篠笛がお気に入り。

紅桜《くおう》ゆと

ファッション・テーマ
レトロ世界の和洋折衷な装いで、篠笛片手にお祭りへ

着物／福服川越店で
アームカバー／ OZZ ONESTE で
和柄コルセット／ Qutie Frash で
靴下／しまむらで
靴／ YOSUKE U･S･A
※全て本人私物

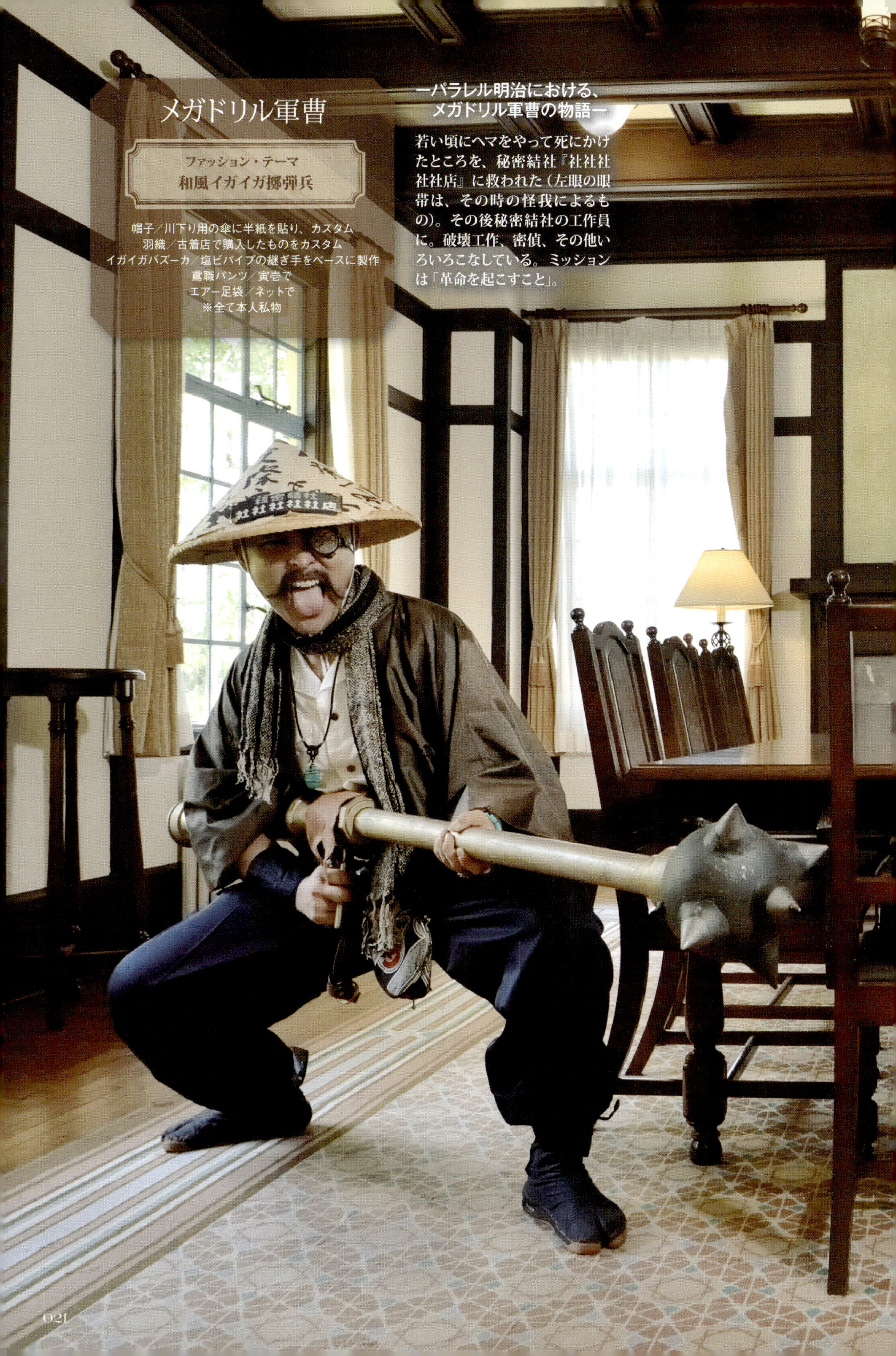

メガドリル軍曹

ファッション・テーマ
和風イガイガ擲弾兵

帽子／川下り用の傘に半紙を貼り、カスタム
羽織／古着店で購入したものをカスタム
イガイガバズーカ／塩ビパイプの継ぎ手をベースに製作
鳶職パンツ／寅壱で
エアー足袋／ネットで
※全て本人私物

ーパラレル明治における、メガドリル軍曹の物語ー

若い頃にヘマをやって死にかけたところを、秘密結社『社社社社社店』に救われた（左眼の眼帯は、その時の怪我によるもの）。その後秘密結社の工作員に。破壊工作、密偵、その他いろいろこなしている。ミッションは「革命を起こすこと」。

Steam Punkers Portlait

スチームパンカーズ ポヲトレェト

― 肖像写真 ―

リアルなジャパニーズ・スチーム・パンカーズの
肖像写真を、彼らにまつわる小さな物語と共にどうぞ。
着用した服やガジェットの入手先、その製作の仕方も公開します★

こちらも自作の『貴婦人が持つ扇風機』。¥2,000くらいの、比較的強力なミニ扇風機をゴールドで塗装して、ギアの他、カメオやチェーン、鍵、リボンをプラスして貴婦人感を出した

お気に入りの末吉晴男&handmano 製作『パイロット髭』

麻酔銃をイメージした『戦闘的な扇風機』は自作。¥1,000くらいのミニ扇風機にゴールドスプレーをかけ、さらにアクリル絵の具で汚しをかけた。持ち手部分は100円ショップで購入したテーブルセンターのパーツを切って貼ったもの。下部の丸い部分は100円ショップで購入した、パール飾り。ギアはネットやヘアサロン『DIFFERENCE ENGINE』で購入したもの

人指し指につけた指輪は、末吉晴男& handmano製作の『フィンガーランチャー』。フリスクを飛ばせる。中指の指輪は『Strange Artifact』のアーマーリング

『双眼鏡』。廃材の水道管用ナットに、ギアや100円ショップで購入したチャームをON

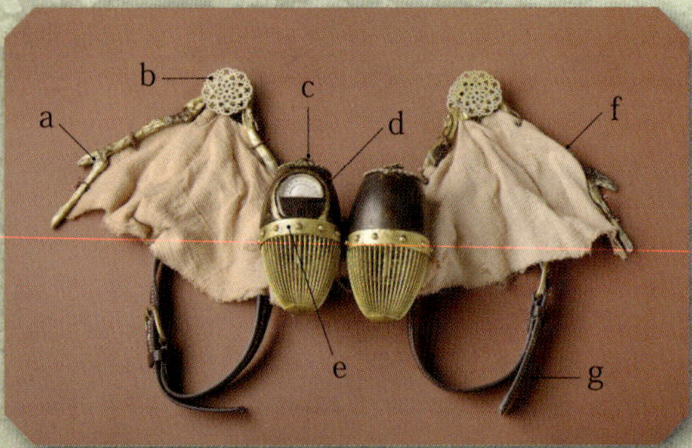

背中に背負った『小型飛行装置』製作の秘密を大公開!

a ハンガーに紙粘土をつけて巻き、塗装
b 100円ショップで購入したチャーム。この下はトイレットペーパーの芯が関節のように入っているので、羽が開閉できる
c 蒸気タンクの上には、100円ショップで買ったコルクボードに、フェルトでできたテーブルセンターを切り抜いてつけた
d 芳香剤の入っていたケースを塗装。ケースを切り抜いて温度計をはめ込んだ
e 輪の部分は厚紙とビニールテープ。丸い部分はパールのデコパーツを貼って塗装したもの
f 布をコーヒー染め。中に針金を入れてある
g 100円ショップで購入したベルトを切ってハトメをつけた

caplico

スチームパンクのパラレル現代に
生きる冒険家。ミッションは
「おもしろいものを見つけること」。
特技はそーっと、ひっそり
いいものを見つけること。
弱点は武器を持っていないので、
戦闘力の強い人に会ったら
太刀打ちできないこと。

ファッション・テーマ
ふだん着でフラッと探検

ゴーグル／ RENA（P28）製作
ブラウス、スカート／リサイクルショップで
コルセット／ Corset Story のものを
サロン『DIFFERENCE ENGINE』で
靴／ YOSUKE U･S･A
※全て本人私物

将園

スチームパンクの
明治～大正時代に生きる、破戒僧。
ミッションは「人を救うこと」。
実は「この世は地獄、この苦界から
救い出したい」という建前で人を
殺めている。長所はとにかく
強いこと。短所は、猫に弱いこと。

ファッション・テーマ
破戒僧

袈裟／自作
着物／リサイクル古着店で
ベルト／古着店で
※全て本人私物

「手甲」と「尺八」。「手甲」は自作、尺八はもともと習っていたので…

右肩につけた「大袖」は、革を切ってつなぎ、ファーとベルトをつけたもの

「脚絆」は溶接のプロ用レッグカバーを染めたもの

「天蓋」は手芸用紙バンドを編んで製作。玩具の刀を分解して、音と光が出るパーツを中に取りつけた。頭を支える部分は、針金と手ぬぐい

逸見るい

時代も国籍も設定はなし。
ただ賞金稼ぎをする
赤ずきん。

ファッション・テーマ
賞金稼ぎ

ケープ、ワンピース、コルセット／自作
ブラウス／しまむらで
銃／ 100円ショップの玩具の銃を塗装。
もらった真空管を中に入れた
ブーツベルト／母からもらった
※全て本人私物

着用のゴーグルは、100円ショップの化粧用コンパクトの蓋を塗装。綿を入れてざっくり縫った布と合わせた

「誰にでもすぐできる、簡単なゴーグルの作り方を教えて」と頼まれ製作したもの。左は段ボールを切って眼鏡フレームにして、緑の下敷きを切って挟んだもの。ベルトはヘアゴムをホチキスでとめた。右は留め具で飾りつけ、ベルトを安全ピンでとめた。製作時間はどちらも1時間

初めて作ったゴーグル。家にあった何かの蓋に、伊達眼鏡のレンズをはめこんだ。レンズとレンズの間は針金をねじった上に、壊れたカバンのパーツを解体して巻いた。タッセルは紐で製作、ギア飾りは不要になったファックスの感熱紙の芯を使用。ベルト部分は着なくなった服から外したもの

自作のカバン。ギアは段ボールを切って塗り、貼った

astrojet
櫻田 竜一

パラレルワールドの
現代日本に住むツーリストポリス。
ある日普通の観光客とは異なる
時間旅行者の存在を知り、
彼らに歴史改変が行なわれないよう
目を光らせるように。
長所は耳が良く、鼻がきくところ。
欠点は暑さに弱い点。

ファッション・テーマ
ツーリストポリス

狗（いぬ）マスク、ハーネス、バッグ／自作
つなぎ／ EDWIN
コンパス／ケース部分は自分で木彫り
ウォレットロープ／帯締めをカスタム
ブーツ／ Hawkins をカスタム
※全て本人私物

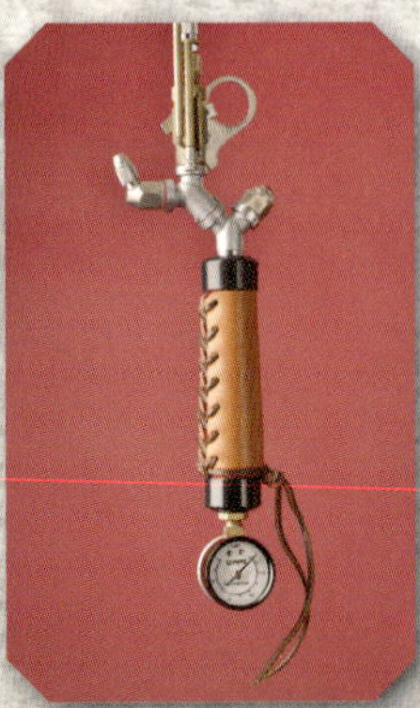

自作のガジェット「レイピア」取っ手部分。農協で購入した消毒用配管に、ホームセンターで購入したエアーダスター部分、圧力計をつけたもの。革部分も自作

自作の革製トップハット。ゴーグルはステンレス製の缶と革で製作。飾りは木材を削り出して

「小型扇風機」は、ミニファンを塗装したもの。時計のパーツを切ったり、真鍮線を曲げてつけ、飾りに

「狗マスク」を外して、土台のマスクだけを被った状態

ハット／ネットで購入
したものに自作の
ゴーグルをプラス
ケープ／福服で
マフラー、コート、ベルト、
パンツ、ブーツ／
古着店で
懐中時計／自作
※全て本人私物

侘助《わびすけ》

明治&大正の帝国時代、
「鳥鷺々々亭」に住む、貴石屋の主人で、
世にも珍しい石を集める収集家。
価値のあるものに目がなく、様々な不思議道具を扱える。
口はうまいが、戦闘場面には弱い。

ファッション・テーマ
明治&大正浪漫の洋装

銃は水鉄砲を塗装し、真空管や100円ショップのライトをつけて製作。革のワインホルダーをホルスターに転用

チル

航海途中の
Dangerous nude 革命船に
飛び乗った
収集癖のある貴族。
航海で見つけた珍しいもので
自分の館を埋め尽くすことが使命だが、
壊れやすいものを多く持つので、地震に弱い。

ファッション・テーマ
Dangerous nude 革命船に飛び乗った貴族

ゴーグルは『Dangerous nude 革命』で購入したものをアレンジ。ネックレスは『CLAW』で購入

ハット／ corgi-corgi
ブラウス、ベルト／
共に高円寺の古着店で
コルセット／危機裸裸商店で
ヒップスカーフ、バッグ／
共に Dangerous nude 革命で
タッセル／ Dangerous nude A で
靴下／ノーブランド
ブーツ／ KERA SHOP で
※全て本人私物

RENA

ここではないどこかの世界の
アンティークな館に住んでいる。
勉強好きで、ふだんは部屋にこもって
勉強ばかりしているので、とても物知り。
ときどきこっそり館を抜け出し散歩する。

ファッション・テーマ
RENA女史の夏の散歩

ブレスレットは自作。中央のモチーフは歯車パーツを4つ重ねて、中央に割りピンをセットしたもの

ゴーグル／
錬成機械工場
とし（P78～）が
作ったゴーグルを
カスタム
ベスト／
ディスカウント店で
ブラウス／
BODY LINE で
スカート／自作
サンダル／ ASBee で
バッグ／
リサイクルショップで
※全て本人私物

ネムチョフ・アクビッチ・オフトンスキー（Hollow Mellow ギタリスト）

ミッションは、カラス神と共に、自分の王国
「スランバーランド」を守ること。
帽子の飾りも、カラス神が集めてきた光り物。
特技はガラクタから物を作り出すこと。
欠点は、なんでも拾いすぎること。

ファッション・テーマ
王子スチームパンク

スチームパンカーの間で人気のあるブランド『夜虎』のペンダント

帽子／ corgi-corgi
ジャケット、パンツ／
abilletage で
シャツ／
ALICE and the PIRATES で
靴下／ Angelic Pretty で
靴／ YOSUKE U･S･A
※全て本人私物

もみみ

23世紀の小さな島国の王宮の庭師。
代々受け継がれている植物の研究をしながら
王宮の中で暮らしている。
使命は、光の少ない蒸気世界でも、
強く育つ、明るい色の花を咲かせること。

ファッション・テーマ
王宮の庭師

ゴーグルや時計盤、羽根などを盛りつけたハットは『corgi-corgi』のもの

ブラウス、スカート／
共に axes femme で
コルセットベルト、バッグ／
共に h.NAOTO STEAM で
懐中時計／
古着店で
ブーツ／
新宿マルイアネックスで
※全て本人私物

狐面／
浅草の仲見世通りで
スヌード／ユザワヤで
着物／
リサクルショップで
コルセット／
文化屋雑貨店で
バッグ／ドイツ軍の
マップバッグをアレンジ
※全て本人私物

千夏

時代は明治時代の帝都東京。
実家である神社がすたれてしまったため、
喫茶店に住み込みで働くことに。
そこで培ったノウハウを活かし
「移動お茶屋」を開業。ラテアートが得意。

ファッション・テーマ
スチームお茶屋さん

スチーム世界のコーヒーマシン。板を切って作ったケースも、全て手作り

ヒヨコ

火°伊と共に19世紀を旅する、
大道芸人兼発明助手。
ミッションは「出会った人を笑顔にすること」。
火°伊の発明品を使い、人を喜ばせるのが特技。
弱点は、甘い物が好きすぎること。

ファッション・テーマ
蒸気界のストリートファッションで！

指輪は『GALUCKTONE』のもの。指の動きに合わせて、指輪も動く

帽子／candynoirをカスタム
シャツ、パンツ、ブーツ／
流儀圧搾
ベスト／
いただき物。ポケット部分に
和柄テープを貼ってカスタム
ガスマスク／
電球用カバーを使った自作
銃／100円ショップの物を
塗装して、旗を付けた
※全て本人私物

ハット／ネットで買った
ものにドン・キホーテの
ゴーグルをセット
防塵マスク／
既製品に塗装&
歯車パーツなどを接着
マスク／るお製作
左手近くのミニマスク／
しめ鯖製作の
ミニペストマスク
メカアーム／バイク用品を
ベースに自作
腰に巻いた革／
はぎれを使用
その他／ネットで
※全て本人私物

火°《ぴ》伊《ー》

ヒヨコと共に19世紀を旅する、大道芸人兼発明助手。
ミッションは「蒸気に替わる新たなエネルギーの開発」。
発明家助手の腕を活かし、
必要なものは何でも造るのが信条。
弱点はヒヨコ同様、甘いものに弱いこと。

ファッション・テーマ
蒸気界のストリートファッション

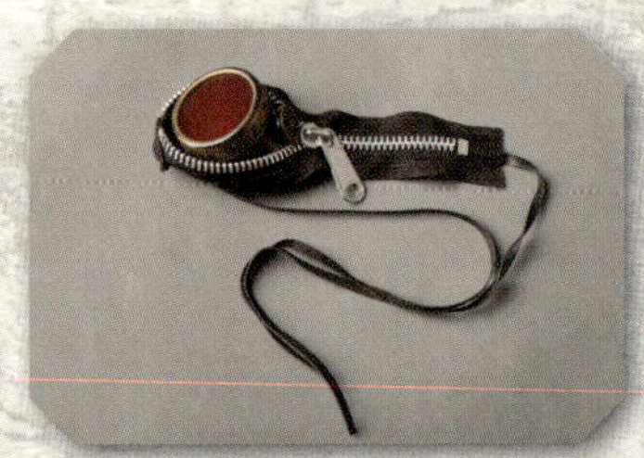

ジッパーをあしらった、自作のコンパス兼片目ゴーグル。赤いグラス部分には下敷きを使用

楠《な》花《げ》

パラレル明治時代に生きる、扉の守番。
ミッションは「世界を守ること」。
長所は取り立ててない。
短所はすぐに道に迷うこと。

ファッション・テーマ
和洋折衷

帽子は、海外ネットで共同購入したもの。壊れたブーツを解体して巻いたり、ゴーグルをつけたり、布を巻いてカスタムした。背中のコサージュは『ALICE and the PIRATES』

ブラウス／
学生時代に着用していた
シャツの衿をカットして丸襟に、
さらにレースをつけた
着物、コルセット／
ネットで
サルエルパンツ／
袴風にして作った
双眼鏡／
100円ショップのものを塗装
カバン／
油絵の具用カバンにレース布を
貼り、持ち手に麻紐を巻いた
※全て本人私物

帽子、ワンピース／
axes femme で
ハーネス／自作
バッスルスカート／
Fanplusfriend
手袋／百貨店で
※全て本人私物

MiKaN

19世紀後半、どこかの国で
フロアダンサー兼探検家として活躍。
「自分の好奇心が赴くままに、
いろんな場所に行くこと」がミッション。
フットワークが軽いわりには、
時に慎重になりすぎる。

ファッション・テーマ
スチームパンク探検家

ゴーグルはネットのバイクショップで購入して、ゴールドパーツをつけてカスタム。チャームも自作

ゴーグル、眼鏡／
文化屋雑貨店で購入
したものをカスタム
着物／
祖母からもらった
ストール、パンツ／
フリマアプリ FRIL で
キセル／
世田谷ボロ市で
※全て本人私物

村田結香

大正時代に生まれた時間旅行者。
タイムマシンでいろいろな国に飛ばされている。
ミッションは「人の役に立つおもしろいものを
発見すること」。長所は好奇心旺盛なこと。
短所は何にでも首を突っ込み、時に騙される点。

ファッション・テーマ
辿り着いた先は、暑い国?!

頭の「あんこうランプ」は100円ショップで買ったライトをカスタム。暗いイベント会場に行くため、製作した

公爵夫人 浅倉調 &バレル

かつては
18世紀のヴェルサイユ宮殿に住み、
宮廷舞踏に明け暮れる日々を過ごしていた公爵夫人。
時空を超える間諜バレルと出会い、
フランス革命を前にジパングへ亡命した。

ファッション・テーマ
貴婦人&間諜

バレルのコルセットは、古着店で購入したベルトをカスタムしたもの

右：調
帽子／ Fanplusfriend　狐耳／人外装飾商
スカーフ／ axes femme で　着物／骨董市で
コルセット／ OZZ ONESTE で
スカート／古着店で
タイツ／ abilletage で
左：バレル
帽子／ 100円ショップの
麦わら帽子をカスタム
着物／骨董市で
ジャボ／ OZZ ONESTE
※全て本人私物

ハット／corgi-corgi で
購入したものをカスタム
シャツ／OZZ ONESTE で
ベスト、腰巻／古着店で
サルエル、一部アクセサリー／
エスニック系ショップで
ブーツ／もともと持っていたものに
仏具の廃材を後づけ
ロングネックレス、腰にぶら下げた
気球、イカリなど／
廃材やいただき物で自作
銃／ヨゼフ太郎から
※全て本人私物

ヴァルト

風と好奇心と冒険心の赴くままに、
飛行船で旅をする冒険家。
時空を超える航海を繰り返したため、
元の場所がわからなくなる「船酔い」を起こしている。
ミッションは空白の地図を埋めること。

ファッション・テーマ
Sky Pirates

ギアや２枚レンズが組み込まれたゴーグルは『NUDE N' RUDE』で購入。グリーンのレンズがお気に入り！

あき

蒸気世界の1980年代のアジアにて、
問屋街でアクセやパーツ、お酒を扱う商人。
オリジナルの帽子やアクセを作り、
身につけて笑ってもらうことが使命。
サービスのしすぎで、赤字になることも。

ファッション・テーマ
路地裏にいそうな商人

鉱石に見立てて、レジンのドームから自作したネックレス「エレメンタリオ」

ハット／子供用の
ハットをカスタム
チュニック、コルセット、
サンダル／ネットで
煉瓦色のワンピ／
チャイハネ
指輪／浅草橋の
革職人から購入
バッグ、懐中時計、
ドリンクホルダー／自作
※全て本人私物

コウ
（Qutie Frashスタッフ）

世界を荒らし回る「AM盗賊團」の一員。ミッションは秘密。

ファッション・テーマ
和チーム・パンク

フリルインナーチュニック、
蛇柄ワンピース、
オーバースカート／Qutie Frashで
和柄コルセット、タイツ／
Dangerous nudeで
※全て本人私物

倉馬奈未
（イラストレーター）

ガーネット町（地球外）で
学校の先生をやっている。
ミッションは「子供達を楽しませること」。

ファッション・テーマ
スチームパンクと、ゆめかわいいの融合

ゴーグル、つなぎ、
時計モチーフ／
ALICE and the
PIRATESで
靴下／abilletageで
にゃんくんマスコット
／自作
※全て本人私物

本人が描いたスチームパンク風
イラストと、サイト。
http://the-hidden.wix.com/kurama

じゅんじゅん

神話の時代に生きる、ケモノ使い。ミッションは
「妖艶な姿で人々をたぶらかすこと」。

ファッション・テーマ
和洋折衷

帽子／corgi-corgi
ヘッドドレス、スカート／自作
着物、帯／壱の蔵で
タヌキ／魔界ノ風鷹で
※全て本人私物

Riria
（NUDE N' RUDE代表・デザイナー）

フューチャー米国ウエスタンに住む、チーフオブポリス。
アウトロー敏腕ガンマン（ビリー・ザ・キッドの生まれ変わり）と
同棲中。ミッションは「敵を悩殺すること」。
男と目を合わせれば、5秒で落とすことができるが、
短所として、敵が良い男だと寝返ることが。
気に入らないことがあると
すぐに毒を盛る（ベルトに常備）。

ファッション・テーマ
伝説の西部劇ヒロイン

服全て／
NUDE N' RUDE
オリジナル
※全て本人私物

Mizuki
（NUDE N' RUDEグラフィック・デザイナー）

フューチャー米国ウエスタンに住む、ポリスで、
天才的な早撃ちを誇っている。
ミッションは「街の平和を安全を守ること」だが、
色気を駆使して不正を働き、
せしめた富で建てた豪邸に住んでいる。

ファッション・テーマ
イケナイ警視総監

服全て／
NUDE N' RUDE オリジナル
ボディーチェーン／
merryhoppingzoo
（NUDE N' RUDE で）
銃／ RQ-BL
（NUDE N' RUDE で）
※全て本人私物

パンク分類

スチームパンクの装備には惹かれるけれど、どんな服に合わせればいいのかわからない、という人が多い。そこで毎日リアルなスチームパンク服でキメている、スチームパンクユニットStrange Artifactの130JETとMaRyのファッションを見せてもらった。ここにヒントがいっぱいあるはず…。ブランドや購入先、価格も覚えている限り教えてもらったので、スチームパンク装備ショッピングの目安にしよう！

※ここで紹介している衣類・小物は全てStrange Artifact私物です
※Strange ArtifactのHPは　http://www.strangeartifact.jp

ミリタリ -MIX

仮想世界の軍人スタイルも、ベースはカーキやベージュ、ブラウン色の、ミリタリーかそれらしい物を着用。そこに革のハーネスやネクタイ、グローブ、ベルトなど小物で味付けをしていく。ガスマスクや玩具の銃もプラス！

『EDWIN』のシャツは古着屋で¥2,000で購入後、茶色に染めた

アーミー風のユニセックスベレー帽。ノーブランド

『Tom Banwell』のガスマスク。ネットで¥40,000くらい

ハーネスは自作オリジナル

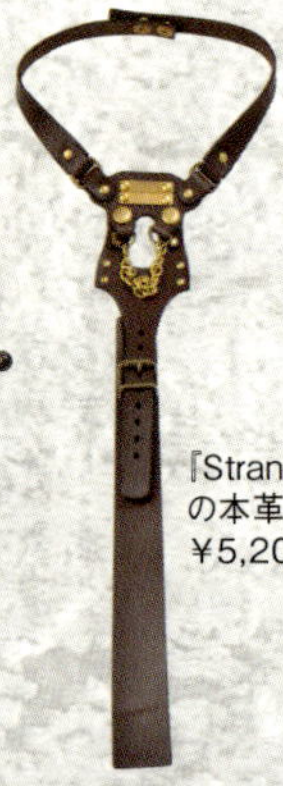

『Strange Artifact』の本革ネクタイ ¥5,200

『Strange Artifact & コレルリア』コラボガン＋ホルター（参考商品）

ネットで購入したブーツはノーブランド

本革製のグローブは『DENTS』のものをネットで¥15,000くらい

Strange Artifact 130JET

「テーマは『スチームオフィサー』。ベースはシャツ＋乗馬風パンツと、いたってシンプルな組み合わせ。そこへシャツと相性抜群なレザーハーネス、真鍮の飾りのついた本革ネクタイを装備してグッとスチームパンク感をUPさせました。さらにベレー帽とレザーバンダリア、指なしグローブをプラスして、ミリタリーMIXに！ 足元がシンプルめなので、アメリカの人気レザーマスクアーティストTom Banwell氏のガスマスクを、顔に被らずベルトループから下げて、変わったポーチのようにしました（130JET）」

スチーム スタイル

Strange Artifact
MaRy

「メンズライクなミリタリーコーデもコルセットやニーハイ、ミニスカートで合わせればすっきりと女の子らしく可愛くまとまります！ ポイントはぴったりめなミリタリー風シャツにかっちりしめたネクタイ+本革ネクタイ飾り。ミニスカートにはニーハイにレッグウォーマー、さらにブーツカバーと、とことん重ね穿きすれば脚のラインも隠せちゃうのでオススメ！ カーキ色にブラウンの組み合わせの場合、挿し色にボルドー、さらに金具系で真鍮を選べば完璧です★(MaRy)」

シャツは古着店で¥500くらい。109系ブランドのもの

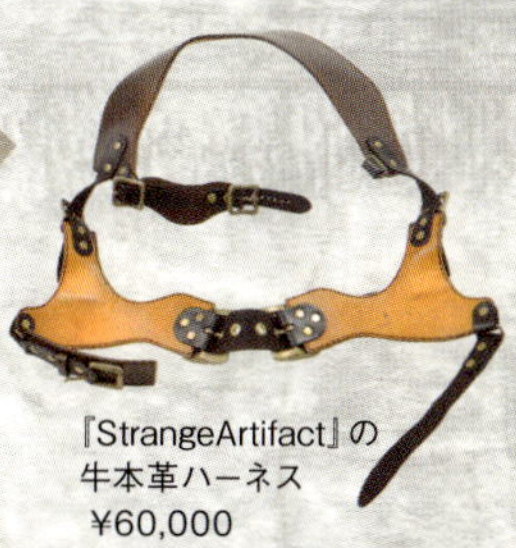

『StrangeArtifact』の牛本革ハーネス ¥60,000

『末吉晴男時計』の「それはスポットライトではない」¥13,700

『StrangeArtifact』の本革コルセット¥80,000

グローブは大切な人からの、手作りプレゼント

『StrangeArtifact』のネクタイ飾り¥7,000

ネットで¥1,500くらいで購入した溶接用のブーツカバー。茶色に染めた

『DESIGN BUCKER』のアシメトリースカート¥27,000

ポケットやベルト飾りのついたレッグカバーは通販で¥2,900

ゴシックMIX

黒をベースにしたゴシック服に、重厚な装備をつけて、ハードなスチーム×ゴシックスタイルに！ 西欧ではゴスの人々がスチームパンクお洒落も楽しんでいるので、相性は抜群！

『JELLY GARCIA』のホルターネックワンピース ¥17,000

自作の本革甲冑、ショルダーと肘部分など、いくつかのパーツに分かれる

「甲冑を主役に、フリルシャツ、コルセット、ボリューミーなロングスカート、ゴツめのブーツを合わせる。これもまたスチームパンカーの基本スタイルの一つです(MaRy)」

★

古着屋で購入したフリルブラウスは¥200、『BLACK more DARK』のチョーカーは¥6,000くらい、『Corset Story』のコルセットは、ネットで¥8,000くらいで購入。靴は『NEWROCK』のもので、¥40,000くらい。甲冑ものはすべて自作

アビエイター

時空を超えるアビエイターのイメージは、スチームパンカー憧れのスタイルの一つ。ゴーグルと飛行帽をポイントに、軍ものでキメられたら最高！

旧日本陸軍の航空帽レプリカは、中田商店で¥10,000くらい

『goose craft』の革ジャンは古着店で¥1,500で購入

「ヴィンテージのシングルライダースジャケットに乗馬風パンツで、腰回りは割とダボッとゆったりめに。飛行帽、スカーフ＆本革グローブが重要ポイントになります！(130JET)」

★

ゴーグルは『Strange Artifact』の自作で¥38,000、ストライプ柄のベストは、ネットで¥8,000で購入。スカーフは自分で染めた。ブラックデニム地に、コーデュロイの膝あてのついたパンツは、知り合いにオーダーして作ってもらった

和洋折衷

着物を着用した場合、シャツやブラウスなどをINして、女性ならギャザースカートなどを足すと和洋折衷スタイルに。コルセットで締めたら、帯やキセル、巾着袋などの和小物を足すと可愛い！

「男性が和洋折衷スタイルに挑戦する場合は、まずはシャツにネクタイを締めてから、着物を羽織ればOK。そこへたすき風にハーネスやサスペンダーをつければ和風スチームパンカーに。コルセットのかわりに、帯をしてその上からいつものベルトを装飾するだけでも◎（130JET）」

★

『New York Hat』の帽子はネットで¥10,000、着物もネットで、ネクタイは古着屋で、キセルは骨董品屋で購入。靴は『NEWROCK』で¥60,000くらい

『Strange Artifact』の手本革キドニーベルト¥60,000

太縄は、ネットで購入。実はファッション・ベルト

「これはアメリカ遠征時に製作したリメイク着物ツーピースです。仕上げにコルセットを締めるだけで完成！（MaRy）」

★

ゴーグルは『StrangeArtifact』で¥38,000、コルセットはネットで購入した『Vintage Goth』のもので¥6,000、ベルトポーチは『strange Artifact』¥10,000、ぬいぐるみはアメリカから連れてきたスチームパンク大使のタコ、『Kraky』

オークションで１円で購入した着物を、ボレロ風にリメイク

ボレロ風着物リメイク時に出たはぎれを利用したスカート

ヴィクトリアン紳士

19世紀の英国紳士を思わせるスタイル。必要なものは、トップハット、燕尾服風ジャケット、ベスト、衿つきのシャツ、ネクタイ、パンツ、そしてシンプルな革靴や編み上げ靴など。小物にステッキや懐中時計、モノクル（片眼鏡）などがあれば完璧。

燕尾服は『Lip Service』のものをネットで購入、¥16,000くらい

ネットでオーダーで作ってもらった乗馬風パンツ

「テーマは『海賊紳士』。ヴィクトリアン紳士スタイルそのものも素敵ですが、あえて外して海賊風に、アイパッチを合わせました（130JET）」

★

トップハットは『New York Hat』のもので、ネットで¥10,000で購入。アイパッチは『Strange Artifact』の参考商品。シャツは古着を染色。ベストは古着のボタンをチェンジしてカスタム。望遠鏡ステッキは友人の錦田景竜から借りた。靴は『Dr.Martens』を革でカスタム

ツイードMIX

素朴な毛織物、ツィードのジャケットなどを使った、19世紀の大英帝国風コーデ。フリルブラウスや糊をパリッと効かせたシャツ、同じくツイード素材のベストを合わせるといい。メンズライクな雰囲気を醸し出せる。

『Harris Tweed』のベストは、古着屋で¥1,800で購入

『DIESEL』のサロペットパンツは古着屋で¥3,000でGET

「大人なコーデにあえて、ボーイッシュなオーバーオール風ブラックデニムパンツをプラス、ワーカー風に着崩しました。ツイード自体がとても個性的なので小物は控えめに、懐中時計ペンダントやタッセルシューズを合わせました（MaRy）」

★

ジャケットは、『Banana Republic』のものを¥3,000くらいで古着店で購入、ゴーグルは『末吉晴男時計』、グローブはミリタリーMIXスタイル（P37）と同じもの。腕に巻いた本革のバンドは自作、ちら見えしているストライプのレギンスは、¥300で購入して染めたもの

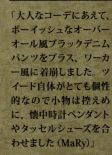

パイレーツMIX

時空を超える旅は、空を飛んで…のイメージが強いけど、パイレーツに なって海を渡っていくのもいい！ おなじみのパイレーツハットとコートがあればいいけれど、ハットは三角になっている帽子で代用したり、つば広帽子のつばを、本体に縫い付けてカタチ作って代用などもOK。

「パイレーツといえば海のイメージですが、黒や茶系スカートと白系トップスの洋服があればコーデの基本はOK。そこにハーネスやコルセット、革ベルトで冒険感を演出。そしてパイレーツ感を出すのに密かに重要なのが、帽子飾りの羽！長いものがおすすめ(MaRy)」

★

帽子はアメリカで購入、羽はその時もらったオマケ。ハーネスとコルセットはミリタリースタイル（P37）と同じもの。靴は『YOSUKE U.S.A』のものでネットで¥19,000

ジュリエットタイプのブラウスは古着屋で¥500で購入

『h.NAOTO STEAM』のスカート ¥28,000

アドベンチャーMIX

時空を駆け抜けるイメージのアドベンチャー系も、やってみたいスチームパンクスタイルの一つ。ちょっぴりウエスタン混じりにハットを被り、ポケットのたくさんついたベストを着て、小汚いくらいでキメるのが格好いい！

「映画『The League of Extraordinary Gentlemen』に登場したショーン・コネリー演じる『アラン・クォーターメイン』風冒険者コーディネート。シャツにベストは、メンズスチームパンカーの基本中の基本。そこに斜め掛けカバンにゴーグル、ダメージ加工のパンツ、ブーツを合わせました。仕上げにハットをかぶって冒険の始まりです！(130JET)」

★

帽子はネットで『New York Hat』のものを¥10,000で購入。シャツ、パンツは古着店で買ったもの

『abx』のしわ加工レザーベストは古着屋で¥6,000くらい

ウエスタンブーツは古着店で¥14,000で購入

デッキクルー MIX

ふだん使いでスチームパンクスタイルを楽しみたいなら、海軍の船や空母の上で業務にいそしむデッキクルーのスタイルに挑戦してみよう。デニムなどコットンのカジュアルなジャケットやシャツに、カーゴパンツを合わせ、ベルトポーチを下げてワーク風に！

『ROTHCO』のカーゴパンツはネットで¥6,000 で購入

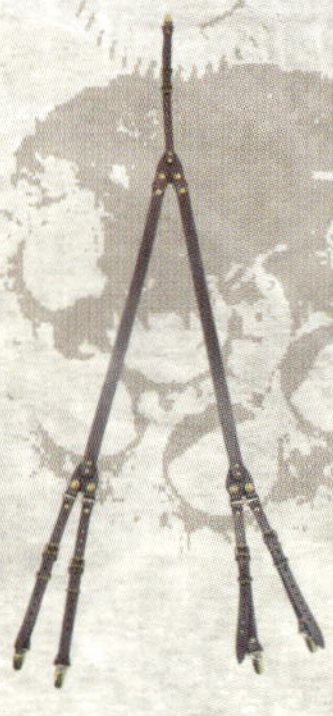

『Strange Artifact』のサスペンダー¥12,000

「テーマは『カジュアルスチームデッキクルー』。ジャケットの下にはシンプルな泥染のヘンリーネックのカットソーを。小物には真鍮のビーズのネックレス、サスペンダー、ベルトポーチを選んで完成です！(130JET)」

★

ハンチングは『SILVER LAKE CLUB』で¥6,000くらい、デニムジャケットは『Raw-tex』のものを古着屋で¥6,000 で、シャツは古着屋で『OKURA』のものを¥2,000 で購入。ペンダントはカッパーズ早川制作のキーホルダーにチェーンを付け替えたもの

ロック MIX

スチームパンクといえば、19 世紀がベースだけれど、時には現代のロック MIX のクールなコーデだってしてみたい。スチームモチーフがプリントされた T シャツなどに、ピンヒールや編み上げ靴などロック系シューズを合わせれば OK！

琥珀ペンダントはもらいもの！

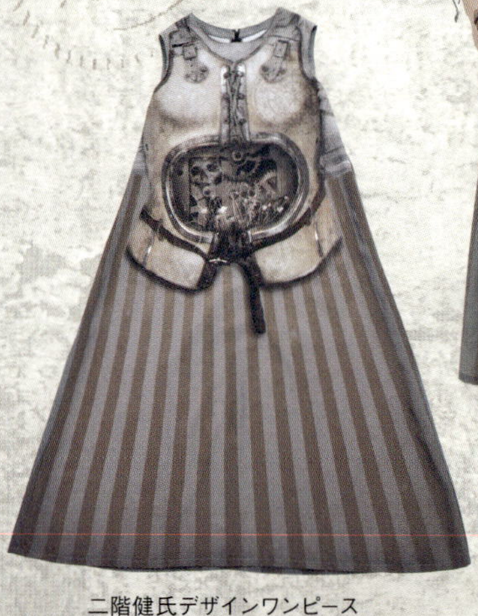

二階健氏デザインワンピース¥17,000

「誰もが目を奪われるスチームパンク風テキスタイルワンピースをベースに、ボーラーハット、革のリストバンドや指輪、さらに真鍮のスタッズピンヒールでロック感を演出。そして仕上げに琥珀ペンダントをさりげなくつけて、カジュアルでロックなスチームパンカースタイルに仕上げてみました(MaRy)」

★

帽子は『EDO HAT』で¥6,000くらい。ブレスレットは自作、指輪は『Strange Artifact』のアーマーリング各¥6,000、ピンヒールの靴は古着屋で¥500で購入

ガールズスチームパンクベーシック

シャツにミニスカートが基本の服。これにチョーカー、ハーネス、コルセット、リストバンドなどを主役に、首も腕もひたすら革を巻いて、きゅっとスタイルを引き締める！ ガーターベルトなどで少々お色気も演出するとベター

「スチームパンクファッションの基本アイテムは、フリルの白シャツ+コルセット+スカート。そこにハーネスやベルトポーチなど小物を足していくのが近道だと思います！（MaRy）」

★

帽子、ハーネス、コルセットは、パイレーツ MIX スタイル（P41）と同じもの。赤のエクステ・グローブ、腕時計、スカートはミリタリー MIX スタイル（P37）と同じもの。ウエストベルトポーチ、靴はゴシック MIX（P38）と同じもの

フリルブラウスは古着店で¥500で購入

ガーターベルト風のレギンスは、¥6,900で購入した後、金具だけつけかえた

"異形の者"スタイル

映画で見るようなファンタジー世界を堪能するスタイルも、一度は挑戦してみたいもの！ アームプロテクターや、グローブをつけたらそれだけでもOKだけど、トップハットやゴーグルをプラスしたら、さらに楽しい！

「テーマは『シザーハンズ×マッドハッター』。自作した装備具を私服とMIXさせたコーディネートです。装備具自体が派手なので、あえて他のコーディネートは古着を中心に、シンプルかつミリタリー風な色合いにしました。（130JET）」

★

コートは『MARITHÉ+FRANÇOIS GIRBAUD』のものでネットで¥3,000くらいで購入、シャツはデッキクルーMIXスタイル（P42）で使用したものと同じ、靴はアドベンチャー MIX スタイル（P41）で使用したものと同じ

自作のマッドハッター風革ハット。トップハットの形で製作

アーマーグローブも自作。クリエーター二階健氏の写真作品集『Dead Hours Museum』に掲載された

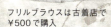

装備・装着 必携の
小物＆アイテム分類

スチームパンカーになるために必要なものは、
なんといっても「小物」。時に服より重要とされるキーアイテムを
よ～く研究して、少しずつ入手していこう！

ショップリストは、P134~141 にあります

金属アクセサリー

ギア1個だけでもいい、普段の服にちょっとプラスするだけでも、ひとり「ニヤリ気分」！　小さな金属アクセサリー達からスチームパンクをスタートさせていこう。人気のモチーフにガラスケース、時計、タコ、ギア、プロペラ、タンク等がある。

⚜ 時計

アンティークの時計を解体して、製作したもの。文字盤と歯車のピアス¥3,800～／DAMYS

⚜ タンク

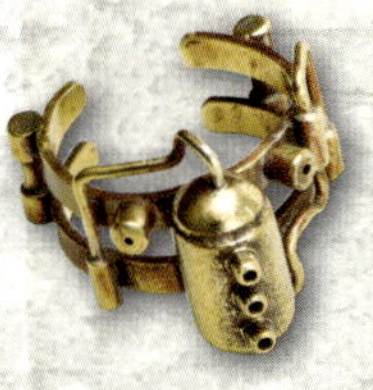

真鍮で作った指輪。タンク&配管をイメージ。tank ringX ¥20,000／steeldrops

⚜ プロペラ

透かしパーツで作ったエンジンカバーに、回るプロペラが。二枚式プロペラリング¥4,167／大正蒸瀛奇巧

⚜ タコモチーフつき

ヴィクトリアンスチームスタイルの仕上げに一つ持っていたい。オクトパスネックレス¥3,700／Mai Aimheart

⚜ ガラスケース

高さ57㎜のガラスケースの中には、カイヤナイトが。水晶とアメジストが入った、交換カートリッジつき。Σ（シグマ）ペンダント¥68,000／GEAD

ケース内の緑色の部分が、ブラックライトで発光。Wheel of Fortune ¥23,000／電氣エンドルフィン

⚜ ギア

歯車を回転させると、カゴが開いて、中の球を取り出すことができる。ネックレス。先見流転機￥37,800／GimmelGarden

ギアは手作りで、噛み合うようになっている。時計の針と歯車のリング￥13,000／林檎屋

高さ95㎜の大きなブローチ。モードなスチームパンクになれそう。Tuxedo brooch ￥12,000／【ギヰクトテレス】

紐&スタンドつきで、ペンダントにもインテリアにもなる！　GALUCKTONE スチームパンクな実験装置ペンダント（ブルー）￥68,056／A STORY TOKYO

羽や薔薇で華やかに仕上げた中にギア飾りをさり気なくON。髪飾りにも。コサージュギア￥5,200／corgi-corgi

直径30㎜のガラスドームの中にスチームパンク世界が。Modifica Steam punk dome ring ￥8,000／ATELIER PIERROT

ヴィンテージ時計のパーツを加工したネックレス。Tomoko Tokuda Steampunk SP necklace ￥41,000／A STORY TOKYO

カスタマイズアクセ

CUSTOMIZE

志染あやかさん（P128）のヘアアクセ。ギア、シャンデリアパーツ、レースなどをMIX

ゴーグル

時空を超える飛行の際に、最も重要なアイテムとなるのが「ゴーグル」。これさえあれば、いつもの服を着ていても即スチームパンクになれる！

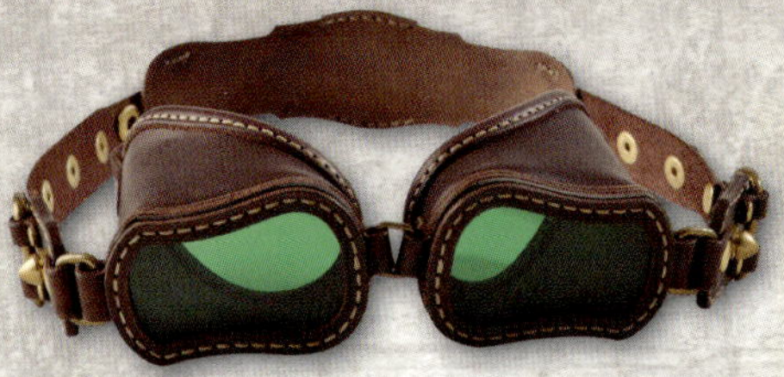

ストレンジなフレームと凝ったカッティング、上質な本革で皆と差をつけよう！ゴーグル¥38,000／Strange Artifact

シンプル＆シックなスチームパンクを目指す人に。スチームパンクゴーグル¥3,500／蒸気屋黒髭堂

コンパクトに折り畳むことができる。本革使用。別売りで取り替えベルトあり（写真右、各¥1,481）。ゴーグル¥16,667／大正蒸瀛奇巧

コサージュや羽根など、盛りに盛った華やかな逸品。チョーカー代わりや、ヘア、帽子飾りに。ゴーグル¥9,500／corgi-corgi

手作りゴーグル

HANDMADE

逸見るいさん（P25）の作ったゴーグル。100円ショップの化粧品用コンパクトを塗装して制作した

直径36㎜で存在感をアピール！ KINOハグルマジック ¥29,160／A STORY TOKYO

金の歯車が回る様子が見える！ Gothic Laboratory ウオッチ ¥52,462／A STORY TOKYO

懐中時計を忍ばせ、19世紀的味付けを。懐中時計¥7,000／h.NAO TO STEAM

時計

時空を超えるスチームパンカーに絶対必要なものが「時計」。ゴツくてアンティークな物をチョイス！

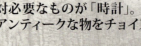

ゴシックスタイルにも似合うデザイン。カチューシャタイプ。スチームパンクカチューシャ¥7,500／Mai Aimheart

チープ雑貨は大いなる味方！ 気軽に購入して、カスタマイズも楽しんで。ゴーグル¥1,500／Dangerous nude 革命

一見重厚そうだがソフトビニール製で、軽くて壊れにくい！ スチームパンクゴーグル¥5,000／KARZWORKS

シルバーフレームに、ギアや十字架のモチーフがチェーンで揺れる。ゴーグル¥5,600／h.NAOTO STEAM

カスタマイズ ゴーグル

CUSTOMIZE

caplico さん（P23）のゴーグルは、解体してカスタマイズしたもの。バンド部分が布になると、女子ぽくなる！

気軽につけられる、人気のカチューシャタイプ。スチームパンク カチューシャ¥3,000／KARZWORKS

時計専門ブランドGothic Laboratoryと造形作家mantam氏のコラボレーション作品。Gothic Laboratory×マンタムコラボ時計¥90,000／A STORY TOKYO

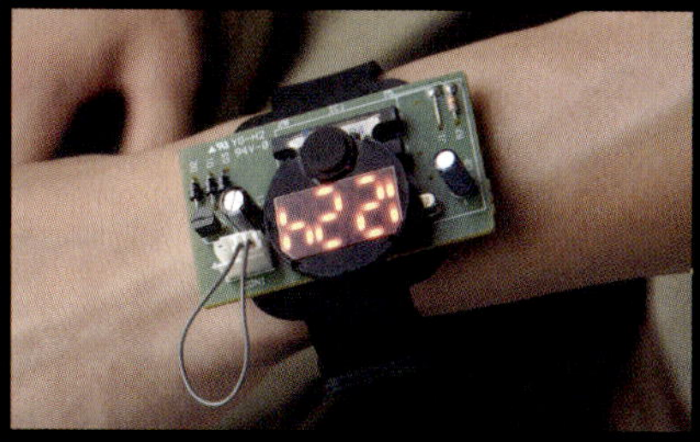

カスタマイズ 時計

CUSTOMIZE

ヒヨコさん（P30）の時計。時計のベルト部分を取り外し、父君からもらった不要になった基盤を入れ込んだそう

スチームパンク世界を愛する時計デザイナー・篠原氏が製作。KS EXTAGON ¥23,000／JHA

トップハット

大英帝国ヴィクトリア時代を偲ばせるトップハットがあれば、スチームな洋装も和装もぴしりと決まる！ ゴーグルや羽飾りなどをプラスすることが基本

ゴシック風「不思議の国のアリス」の帽子屋になれそう。1/1バードケージ ¥22,000／candy noir

時計、ギアモチーフの他にアンティークな取っ手飾りがついて、ワンランク上のお洒落さんになれそう！ シルク風ハット ¥23,000／h.NAOTO STEAM

ギア満載のゴーグルつきが嬉しい！ この書籍のカバーでも着用。ゴーグルシルクハット ¥15,000／corgi-corgi

サイドに編み上げがついた、コルセットの様な形が人気。クラウンチャーム付き。サイドレースコルセットハット ¥17,800／candynoir

淡い色でまとめた、シックかつ華やかなコサージュがついているのが、アンティーク好きの女子の心をくすぐる！ モカクリームのウサミミ・コルセットハット ¥22,900／candynoir

編み上げにベルト、ピアス…、とボンデージ感たっぷり。ギアチャームでさり気なくスチームパンクを主張！ コルセットハットKURENAI 赤×黒 ¥19,800／candynoir

桜柄を配した、美しく遊び心のあるハット。女性のみならず、ぜひメンズにも被ってもらいたい！ 和柄コルセットハット ¥19,800／candynoir

頭のサイドにちょこんと載せてスチームのロリータや王子スタイルに。レザーミニハット ¥12,000／corgi-corgi

カスタマイズハット

CUSTOMIZE

楠花さん（P31）のトップハット。友達と一緒に輸入した安い帽子に、ゴーグルや布をつけてデコレーションした

コルセット

和装・洋装問わず、女性のスチームパンクスタイルをキメるのがコルセット。ボーンの入った本格的なものはもちろん、ビスチエタイプも人気。編み上げが入っていると気分がさらに盛り上がる★

Back style

ブリティッシュなストライプ柄がエレガント。レジメンタルチロルコルセット ¥28,300／abilletage

Back style

ネックホルダーまで編み上げで繋がるタイプ。ゴージャスなレース飾りで貴族気分に。コルセット¥13,000／h.NAO TO STEAM

Back style

ベルトタイプで気軽に使える。バックは編み上げ。ストライプポイントコルセット¥9,200／Dangerous nude

フリルつきでエレガントさをプラス。ローズジャガードショートコルセット¥14,500／ATELIER PIERROT

ロリータ気分も、パイレーツ気分もプラスできる★ エルドラドビスチエ ¥16,800／ALICE and the PIRATES

ゴムベルトなので着用がとても楽ちん！ アンティークコルセット¥13,000／h.NAO TO STEAM

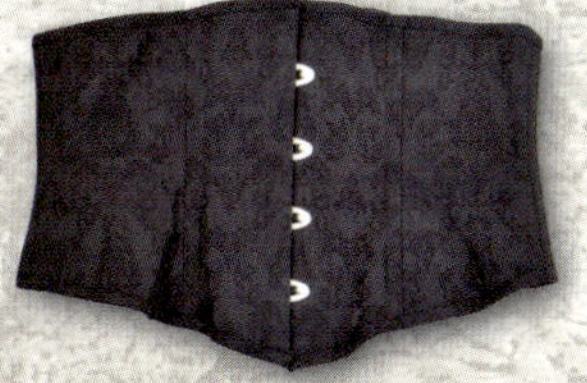

ショートタイプの無地コルセットは使い回し度大！ バロックミニコルセット¥17,000／EXCENTRIQUE

めずらしい、サイド編み上げタイプ。ロマンティックコルセット¥15,900／Triple*fortune

革製品

レトロな感じを添えたり、拘束感を演出したり…。ひとつでも革物を身につけると、スチームパンク度がアップして、身も心も引き締まる！

⚜リアルレザー

ウサギ耳のついた、ガスマスク形態のフルフェイスマスク。デラシネ（受注生産）／三上鳩広

スチームパンクスタイルを最高にクールに仕上げてくれるのは、こんな上質の革製ハーネス。¥60,000／Strange Artifact

大きな金具を使用した、本格的コルセット。バックは編み上げ。¥80,000／Strange Artifact

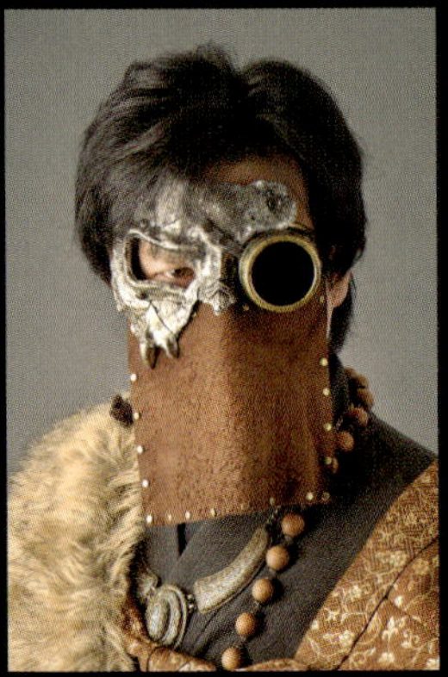

手作り本革マスク

HANDMADE

将園さん（P24）の、本革製のマスク。レジンで作った仮面と、ネットで購入したゴーグルをカスタマイズして繋いだ

右と同じタイプの、蛇デザインのリング。レザーアーマーリング（蛇）¥6,000／Strange Artifact

17～18世紀ヨーロッパの対ペスト患者の医師のマスクをデザイン。ペスト医師マスクリング¥8,000／Strange Artifact

指の関節の動きに合わせて動く、アーマータイプ。アーマーリング（チェス）¥6,000／Strange Artifact

アンティークミシンを使って作られたウォレット達。〈上〉STEAM PUNK #シンプルLong Wallet歯車ブラック¥50,000、〈下〉STEAM PUNK #ラウンドファスナー Long Wallet 歯車ブラウン¥42,000／共にJAYLLY COKE

透かし彫り加工の入ったマスク。アジャスターつき。レザーレースマスク¥30,000／三上鳩広

腕、手首、指の３カ所で調節を。指甲冑¥30,000／三上鳩広

ハイネックシャツの上からつけても、シャツの衿からチラ見せしても格好いい！ プレートチョーカー¥3,200／Strange Artifact

⚜ フェイクレザー他

ウエストをコルセットなどで締め上げたら、合わせてこんなネック用も手に入れたい！ ネックコルセット¥8,500／h.NAOTO STEAM

気軽に着用できる、ベストタイプ。ハーネスベスト¥7,200／NUDE N' RUDE

ベルト風の便利なポーチ。コウモリ型ウエストポーチ¥11,000／h.NAOTO STEAM

コーディネイトの主役になる！ ギアや針が回転するのも嬉しい。クロックベルト¥8,500／NUDE N' RUDE

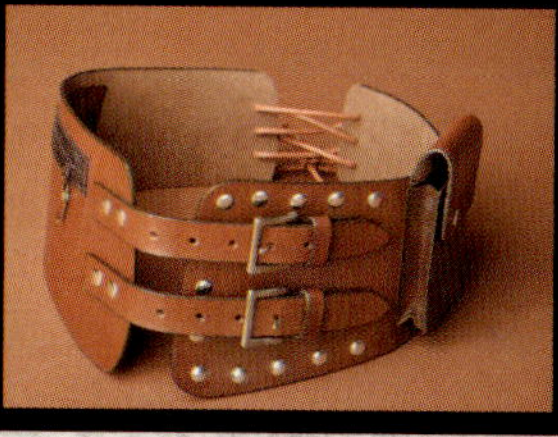

カスタマイズ合皮ベルト

CUSTOMIZE

バレル君（P32）のコルセット風ベルトは、大人用のベルトをカスタムしたもの

ガジェットを持って、装備完了！

スチームパンカーにとって重要なアイテムの一つが「ガジェット」。
仕掛けのある道具や装置のことで、スチームパンク世界を堪能するための仕上げに！

SHOP GUIDE　h.NAOTO STEAM…P136　コレルリア…P137　DAMYS…P139　NUDE N' RUDE…P140　Mai Aimheart…P140

ジェットパックを背負って、
そろそろ夜のお出掛けの時間です★

⚜ジェットパック／しょいこ

スチームパンカーなら皆が憧れる、ジェットパック。購入できるものはなかなか見つからないので、自分で製作するのが基本。蒸気が出たり、電気がついたりする本格的なものも。

ジェットパックはkk.さん（P53）の作品『Butter-Fly（試作）』。ゼンマイと蒸気で動く機械羽根をイメージ（実際はモーターと、エアスプレーを使用）。

モデル★ゆら
ギアヘアクリップ¥4,800、グリーン水晶ブレスレット¥4,800／共にDAMYS
髪につけたワッペン風ブローチ¥4,200、
パフスリーブワンピース¥18,000、
ギアタイツ¥5,000／以上h.NAOTO STEAM
電球チョーカー¥5,900／Mai Aimheart

ランアノキリコさん（P127）が自作した、天使の羽のしょいこ。ソフトボードをベースに、100円ショップのパーツを使って作ったもの

自作の『超高高度飛翔装置“FLY ME TO THE MOON”』を背負う、あすとろにいさん。月に住むガールフレンドに会いに行くために作ったもの。革で製作、中にビーチボールが入っている

錬成機械工場工場長としさんが制作した「蒸気噴出式飛行装置」。操縦桿にあるスイッチを押すと、左右それぞれの噴出口から、超音波によって霧が吐き出される

自作のジェットパック「天笈・飛翔伽羅倶梨（あまおい・ひしょうのからくり）」を背負うkk.さん。錫杖「刻戻・G・伽藍錫杖（ときもどし・G・がらんしゃくじょう）」も自作

ゾンビを撃つ火縄銃『火《ひ》魔《ま》破《わ》り』。植物の種から膨大なオーガニック・エネルギーを抽出、レーザー光線に転換して撃ち出す

⚜銃

ガジェットの中では、最も気軽に手に入れられるのが銃。100円ショップや玩具屋さん、インターネットで購入した銃に、自分で塗装したり、カスタマイズして楽しんでいる人が多い

モデル★ Natsuko
銃「火魔破り」(非売品)
／コレルリア
その他私物

握りのよい、SF ちっくな銃。全長 18㎝で手作り。本書のカバーにも登場。VERONICA Mk-1 ¥5,000 ／コレルリア

ペンダントトップや、ドールに持たせるのにいい、全長 5.5㎝の小さな銃。VERONICA-S ¥1,000 ／コレルリア

左のMk-1と Sの間の大きさの、VERONICA SEED を、ガーターベルトに取り付けるのも人気！ ¥3,000 ／コレルリア

KARZWORKSさんの銃『Nerf N-Strike Longstrike CS-6　改造リペイント』。モデルは高木UAMOU綾子さん、衣装製作はKARZWORKS。P82には、KARZWORKSさんの『クラシカルスチームパンク銃』の作り方も

『Red Queen's Black Legion』（P69）の玩具の銃とホルダー。ずっしり重い！ 銃¥12,000 ／ NUDE N' RUDE

⚜ 時計

タイムマシンがついている、飛行することができる、など仕掛けが組み込まれた（もちろんイメージだけでもよい）時計も、ガジェットの範疇に入る。

スチームパンカーの間で大人気の末吉晴男時計（P110）。こちらの作品名は「双頭蟲」

自家製 8㎜カメラ「参眼式多分割測光録画機」を持つアライさん。古道具を着色して製作（写真／ harry）

⚜ メカアーム、カメラほか

アームプロテクターを「メカアーム」に。アンティークカメラをスチームパンク仕様に…などなどを、様々な小物をガジェットらしく製作するスチームパンカー達もいる。古道具や、バイカー用グッズをベースにカスタムするのが賢いやり方。

左の写真でつけている「拾貳妖幻獣神獣図時計・改」。ネットからイラストをダウンロードして出力、せっせと切って貼ったもの

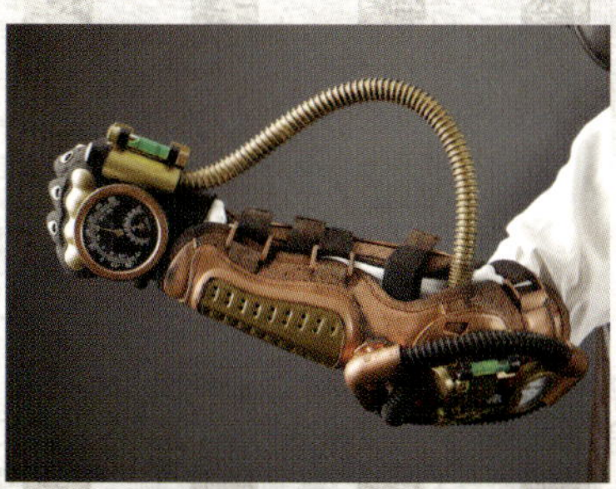

火° 伊さんのメカアーム（P30）は、バイカー用をカスタムしたもの

第2章

ブランドでキメる スチームパンカーズ!

憧れのスチームパンク専門ブランドと、
スチームパンクに強いブランド達をピック・アップ!
デザイナーインタビューや、
ブランドでキメるスチームパンカーズの
眩しい姿も拝読&拝見★

Domestic Brand

h.NAOTO STEAM

Styling / Hirooka Naoto　Hair&Make-up / Kawada Shunichi
Model / Takahashi Kazumi、AKIRA
問／P136『h.NAOTO STEAM』の直営店『h.N GALLERY』まで

日本のストリートファッションを
牽引してきた『h.NAOTO』が発信する
新ライン、『h.NAOTO STEAM』。
初の本格的なスチームパンク服の
ブランドとして、人気沸騰中！
デザイナーが自身でスタイリングした
着こなしサンプルの他、
和がモチーフのブランド『gouk』の
２つのラインとのコラボで生まれた、
和スチームのスタイルも紹介します

別珍素材にレザー…。
いくつものテクスチャーを、重ねて楽しむ

カラーパレットが統一されているので、要素が多くてもシックにまとまっているスタイリングの好例。定番のケージ（鳥かご）スカートは、大人のロリータスタイルとしても人気。

ファートリミングつき別珍カーディガン￥16,000、中に着たチョーカーつきキャミソール￥17,000、ケージスカート￥27,000、中に重ねたパニエ￥16,800、ミニハット￥18,000、チェーンつきゴーグル￥5,600／以上 h.NAOTO STEAM
レザー風ロンググローブ＜参考商品＞／NAOTO SEVEN
（全てP136の直営店 h.N GALLERYで取り扱いあり）
その他／私物

人気のミリタリー系スチームパンクを、
ブランドならではの解釈で再構築

『h.NAOTO STEAM』の中のメンズライン『六式』による、ミリタリー・スチーム。オリジナリティが加味された、新解釈の軍ものは、ユニセックスで楽しめるのも嬉しい。

ナポレオンジャケット¥19,000、中に着たシフォンラッフルつきシャツ¥13,000、ダメージパンツ¥9,500、ネックコルセット¥8,500、ミリタリーハット＜参考商品＞、片眼鏡風ゴーグル＜参考商品＞、グローブ＜参考商品＞／以上 h.NAOTO STEAM
スピアヒールブーツ ¥30,600 ／ NAOTO SEVEN
（全て P136 の直営店 h.N GALLERY で取り扱いあり）

日常着にも使えるアイテムでありながら、さり気なくスチームパンクを主張！

甘さとレトロ感が同居する、グレイッシュなベージュのトーンでまとめたスタイル。プリントやディテールでさり気なくスチーム感を主張したり、レザー調のコルセットポーチを加えたりして、個性を出そう。

レースつきダブルベスト￥17,000、中に着たシフォンブラウス￥15,800、プリントパラシュートスカート￥18,000、ベレー帽＜参考商品＞、鳥かごネックレス＜参考商品＞、コルセットポーチ＜参考商品＞／以上 h.NAOTO STEAM
ロングブーツ￥42,000 ／ NAOTO SEVEN
（全て P136 の直営店 h.N GALLERY で取り扱いあり）

スチームパンクの世界観の、もう一つの姿。超自然的なパワーを操るエルフが誕生

蒸気が動力源だという19世紀的世界では、魔術や妖術、練金術への傾倒もごく当たり前のこと。そんな未知なるパワーの象徴、エルフ（＝妖精、精霊）をイメージして作られたスタイリング。柔らかいテクスチャーに、重厚なコルセットなど、異なる質感のアイテムを幾重にも重ねて。

グレーの裾ギザギザワンピース¥17,000、中に着たネックカフスつき白ワンピース¥23,000、コルセット¥25,000、上に羽織ったシャツ¥16,000、ストール¥6,500、コサージュ大¥3,800、コサージュ小¥2,800、タイツ¥5,000、サンダル¥12,000、サンダルにつけたコサージュ¥2,800、ゴーグル<参考商品>、ヘアにつけたチェーン<参考商品>、ネックレス<参考商品>
／以上 h.NAOTO STEAM
（全てP136の直営店 h.N GALLERYで取り扱いあり）

h.NAOTO STEAM meets

gouk samurai

和がモチーフのブランド『gouk』のメンズライン、『gouk 侍』が『h.NAOTO STEAM』とコラボ！ 二人のデザイナーの世界観がマッチして生まれた、日本流スチームパンクを堪能して。

メンズライン『侍』のアイテムを、蒸気テイストで凛々しく装う

日本文化に西洋文化がミックスされた、明治維新の頃のイメージがデザインソースの『gouk 侍』。メンズラインだけれど女子のファンも多い。『h.NAOTO STEAM』のベストを加えてちょっとハードに。

プリント入りワイドパンツ￥13,800、ゲタ＜参考商品＞／共に gouk 侍
着物スリーブのカーディガン￥13,500、ベルト￥6,000、ベルトにつけたヘアアクセ￥2,300 ／以上 gouk
ナポレオンベスト￥22,000、ハット＜参考商品＞／共に h.NAOTO STEAM
（全て P136 の直営店 h.N GALLERY で取り扱いあり）

h.NAOTO STEAM meets

gouk miyabi

ひときわ凝ったディテールでファンも多いレディスのライン、『gouk 雅』。妖艶さと華やかさを加味した艶華（エンファ）なスタイルを、『h.NAOTO STEAM』とミックスして新しいスチームパンクに。

オリジナリティ溢れる羽織で、艶と華のある和スチームが完成

『gouk 雅』の鮮やかな羽織は、簡単に和の世界観が出せる使いやすいアイテム。思うがままにスチームパンクなスタイルを作ったら、仕上げに上から羽織ると、一気に世界で通用する和スチームに格上げ！

桜パッチつき姫袖羽織￥15,800／gouk 雅
メンズのロングプリーツスカート￥14,800／gouk 侍
番傘＜参考商品＞／gouk
中に着たレザーコルセット（ネックカフつき）￥13,000、巻きスカート￥11,000、真鍮金具つきミニコルセットベルト￥7,500、ゴーグル￥5,600／以上 h.NAOTO STEAM
耳当てつきハット￥30,000、グローブ＜参考商品＞／共に NAOTO SEVEN
（全て P136 の直営店 h.N GALLERY で取り扱いあり）

Special Interview

メジャーシーンのアパレルブランドとして、スチームパンクを標榜している唯一無二の存在『h.NAOTO STEAM』と、日本ならではの和スチームを表現する時には欠かせないブランド、『gouk』。今回この本で特別コラボをしてくれた、二つのブランドのデザイナーに、特別インタビュー！

h.NAOTO STEAM
クリエイティブデザイナー
廣岡直人

Profile
ヒロオカ ナオト:1977年、神戸生まれ。ゴスロリ系などのクールジャパンカルチャーを巻き込みながら、独自のファッション観を展開。メルセデス・ベンツファッション・ウィーク東京にも参加、日本のみならず、世界中に熱狂的なファンを持つ

「〝スチームパンク〟という言葉自体を知ったのは、2011年ごろです。でもああいうスタイルがあるというのは、海外でもけっこう前から見ていたし、そういう世界観の映画なども好きで見ていたので、どこかしら影響を受けていたんですね。遡って考えると、2000年にロンドンで撮影をした時に、いわゆる〝スチームパンク〟的なルックをすでに作っていました。そのときは、明確にスタイルを打ち出していた訳ではないんですが。

2011年当時は『h.NAOTO』ブランドには、黒と白しかありえない、というような枠組みができあがってしまっていて、自分の中でも茶色とかベージュはタブーだっていう、ちょっとしたトラウマがあったんです。ゴシックの中に茶色、パンクに茶色、というように実験的に差し込んではみたものの、見る人にはうまくイメージが伝わらなかったようで、試行錯誤の状態でした。それが〝スチームパンク〟というキーワードを得たことで、一気に状況が変わってきた。僕にとっては、すごく嬉しい衝撃でしたね。断片的にあったものが融合したような感じがしました。それに独立したジャンルとして提案されると、相手も受け入れやすい。あるスタイルが、カテゴライズされることによって、どんな風にイメージ化され、どんな形で伝播してゆくのか。それを目のあたりにできた気がします。

また、今までロリータというジャンルでは、『h.NAOTO』が得意とする汚しの加工とか染めのテクニックを生かす余地があまりなかった。でも『h.NAOTO STEAM』だと、ロリータでありながら味を出すような新しい表現ができる。僕らの強みを発揮できるのも、嬉しい点ですね。

スチームパンクという言葉の定義自体は、非常に難しい問題だと思います。本当のスチームパンクとは何か、などという論議もあるみたいですが、結局はこのカルチャーが盛り上がればいいんじゃないかな、と僕は考えています。長年このジャンルを愛している人の中でも、もっとスチームパンクを広めたい、皆に知ってもらいたい、という新しい考えを持っている人がちゃんといる。そういう人達が生み出す作品が、まためちゃくちゃ格好よかったりするんです。だからこそもっと人目にふれるようにしたい、広げてゆきたい。ちゃんとシーンを拓いて、結果を作ってゆかなければ、という想いがありますね。

だから今は、自分の『h.NAOTO STEAM』と、作家さんとのタッグが大切だな、と思っています。特にスチームパンクには、そういった推進力が必要な気がするんです。雑貨、アクセサリー、装置で、よりコアなものを巻き込んでいかないと成立しないというか……。ゴスロリは、作家性というよりも、ミュージシャンやタレントのビジュアルが先導している部分があったと思うのですが、それとは違う物造りの大事さを感じています。だから『h.NAOTO STEAM』で初めてスチームを知った人もその後いろいろ調べると、例えば帽子は別の作家さんの作品がいいな、とかいう風になって、だんだん装備がパワーアップしていくんですよ（笑）！ そこが面白いところだと思いますし、僕がその作家さんと拮抗するようなものを作る意味はあまりない。僕の立ち位置としては、やっぱり服を作るという部分を、しっかりやっていこうと思うんです。僕の服をベースにするだけではなく、他の作家さんのこだわりの作品や、各々が自分で作ったものを組み合わせてもらわないと、スチームパンクにはならないので。作家さんとの共存や、ユーザーと作り上げていくという感覚を、大切にしたいですね。

また、いわゆる〝ゴスロリ〟のように、もともと海外から来た様々なカルチャーをミックスして日本人独自の解釈で全く別の形に発展させ、逆輸出するような現象を、スチームパンクでも起こせるか、というのがこれからの課題。クール・ジャパンの一端として存在感を示すためには、海外のものとは全く違う新しいスチームパンクを生み出していかなくては、と思っています。

それに加えて今後の『STEAM』には、誰が見てもわかりやすい、と感じるコレクションが必要だと思います。直球すぎるものって、ついつい「直球すぎるでしょ！」って作らなくなる（笑）。でもそれをあえてやったら、やっぱりすごく反応があるんです。僕自身もあらためて新鮮だな、って思えますし……。僕らの上の世代は明確なスタイルを切り拓いてくれて、僕らはそれを甘受できたけれど、今の若い世代はあらかじめ捻りの入ったオルタナティブなものからスタートしているので、混沌としたイメージの中で困惑してしまっている。だからこそ、これがスチームだ、といえる典型的なスタイルを、『h.NAOTO STEAM』できちんと確立し、定番として提案してゆきたいんです」。

gouk

クリエイティブデザイナー
國友 剛

Profile

クニトモ タケシ:1970年、福岡生まれ。ファッションモデルとして東京、パリで活躍後、『T.KUNITOMO』『gouk』のデザイナーに。『雅』『侍』などの限定コレクションのラインも話題に

「スチームパンクというカルチャーを初めて意識したのは、アメリカ・ロサンゼルスでのコンベンションに参加した時です。2009年頃ですが、コスプレの人たちに混じって、そういったスタイルの一群がいるを見たんですね。その時の印象としては、〝懐かしいな〟というもの。僕もかつて、こういう格好をしていたな、と。

18歳くらいのころ、1988年くらいには、ニッカボッカにハリスツイードのジャケット、シルクハットやハンチングとかかぶってましたね。服飾系の学校に通っていたんですが、毎日先輩に「おまえは毎日がコレクションか」って言われていました(笑)。当時は、下北沢の古着屋さんとかにいくと、革のドクターバックを持った、そういうスタイルの人たちも多かったですね。おじいさんの三つ揃いを引っ張り出して着たり、古着屋さんで制服とか軍服を買って自分でカスタマイズしたり。あと、時計を壊してアクセサリーにしたり、指輪にしたりしているものもけっこう売っていました。なので、今世紀に入ってこのリバイバルを〝スチームパンク〟として見た時も、お洒落のひとつのカテゴリーとして、またファッションとしても既視感があったし、わかるな、いいな、と思えました。

今回この本でスタイリングに使ったのは、『gouk』の『雅』と『侍』というライン。これに『h.NAOTO STEAM』のアイテムを合わせました。『侍』はメンズを中心としたユニセックスなラインなのですが、19世紀末の日本人をイメージして作り始めたものだったんです。幕末の侍のスタイルに、明治維新で一気に西洋の文化が入ってきて…という感じをデザインソースとしていて。〝スチームパンク〟を意識して始めたのではないのに、結果的に、和スチームにぴったりマッチするようなスタイルができあがってきたのは、もともと好きなモチーフだったからかもしれませんね。実際に、気に入ってくれている男性の顧客さんがすごく増えましたし、さらに女子からも人気のあるカテゴリーに成長してきて、間口が広がってきたことを実感します。

かっては、限られたエリア内でコアなファッションやカルチャーのブームが生まれたとしても、常に〝本当にこれでいいのかな?〟っていう疑念があったと思うんです。何があっても、自分らしいスタイルを貫き通す、っていう強い人はごく少数。だから安心したくて、雑誌などの情報で確認したり、クラブイベントなどで仲間を探していたんだと思います。でも今は情報が簡単に手に入る時代なので、自分と同じ感覚の人が他にもいるんだ、っていう裏づけがすぐにとれる。和が好きな人もけっこういるなとか、スチームパンクがこんなに流行っているんだとか…。つまり、マスに向けた単純なマーケティングが、もう意味をなさなくなっているんですね。人が作らない、人がやらないものに価値を見い出す層が、ますます増えていくんだと思います。だからこそ、手作り作家さんとか、限られたコミュニティ内で生まれる、特別感のあるものを大事にする人が多くなっているんでしょうし、スチームパンクや和スチームも、勢いを持つようになってきているのかな、と実感しています」。

h.NAOTO STEAMのラインナップを解析!

The Elves エルフ

電気が存在せず蒸気を動力とする世界では、超自然的な力や錬金術、魔術が大きなパワーを発揮する。エルフのようなマジカルな存在が、重要な役割を果たしていたかも…

Rokushiki 六式

あえてレトロな趣で〝六式〟と名付けられたカテゴリーは、『h.NAOTO STEAM』の、メンズ〜ユニセックスのライン。第六式特殊部隊の戦闘服、という設定

Gia Lolita ギア・ロリータ

フリルやレースのガーリーな世界観を、そのままスチームパンクに。コルセットや鳥かごスカートの定番的スタイルは、初めてスチームの世界に足を踏み入れる人にもおすすめ

Neo Victorian ネオ・ヴィクトリアン

19世紀ロンドンのヴィクトリアン・スタイルが、スチームパンクファッションの原点。そのテイストを、『h.NAOTO STEAM』が新たに再構築!

6

3

h.NAOTO STEAM

FASHION SNAP

ラフォーレ原宿や新宿マルイアネックス内の
『h.NAOTO』のショップや、旗艦店でもある
『h.N GALLERY』で、
おしゃれなスチームパンカーズをスナップ！

1

7

4

2

8

5

1 “お嬢さんな冒険者”をイメージして。ゴーグルやイヤーフック、イヤーカフを自作（まきさん）
2 「スチーム・ゴシックが今日のテーマ。小さな猫耳を自分で作ってつけています」（yucat さん）
3 普通のチノボトムも、『h.NAOTO STEAM』のジャケットと古着でグレードアップ（nadeco さん）
4 「ゴスギアロリがテーマ」。ポシェットつきスカートは『h.NAOTO STEAM』のもの（いのえるさん）
5 実際に光る心臓ベストは海外から購入。服はほとんど『h.NAOTO STEAM』で（Mieko さん）
6 一年ほど前からスチームの世界観にハマったそう。アクセはオークションなどで入手(12_1 さん)
7 ベストやバッグ、アームカバー、タイツ、ベルトなど、小物はほぼ『STEAM』のもの（燕さん）
8 ファストファッションのアイテムに、『h.NAOTO』のゴーグルやタイ、バッグを合わせて(ナハシさん)

9 タイツと靴以外は手作り。「貴婦人の休日の狩りがテーマ。大好きなゴブランとレザーを纏って」（すばるさん）

10 「テーマは "STEAM ロリィタ "。時計が満載のタイツで」。コルセットとハットは手作り（あんどれあさん）

11 ロリータ・ドール風の『h.NAOTO STEAM』のワンピースに、黒のヴェールで個性的に味つけ！（森口花梨さん）

12 人気の“ミリタリースチームパンク”はオリーブ色が新鮮。たっぷりパニエに軍帽がマッチ（サカノさん）

13 羽織り、ワンピ、タイツ、マスクは『h.NAOTO STEAM』。ヘアアクセはリメイクで作成（あるみさん）

14 ベースはゴス系ながら、トップハットや『MINT NeKO』のマントが19世紀風でスチーム感（桜木ハイネさん）

15 アシメトリーに重ねた裾には、上手に和柄をオン。ちょっと上級の和スチームにスタイリング（Hal さん）

16 長いトレーンが印象的な青のスカートや、コサージュ、アクセは『h.NAOTO STEAM』で入手（蝶月小夜子さん）

17 『STEAM』のボトムと『H.Jelly』のスカートを重ね着。スチームは昔から好きなテイストだそう（Air-K さん）

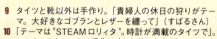

Import Brand

クール&可愛い♡ 輸入ブランド達

海外のスチームパンカー達が愛用している、
アメリカ、ヨーロッパ、中国の、スチームパンクに強いブランド達。
服はリーズナブルなプライスだし、
靴は比類なき格好よさでときめく！
国内でも取り扱いのショップがあるものばかりなので要チェック！

※ショップのお問い合わせ先は、P134～141にあります

hades

ヘイディーズ

アメリカ発のブランドで、スチームパンク他、ゴシックタイプなどをデザイン。他では見つからない、モードなスチームパンクテイストの靴が欲しかったら、迷わずここへ。主にUS6～11までサイズが揃っているのも嬉しい。『hades JAPAN』で購入できる。

▲ hades オフィシャル写真

クラシカルやトラッドスタイルにもぴったり。ヒールは6.35㎝と、とても歩きやすい高さ。ICON ¥15,000／hades JAPAN

足首を被うラインの靴は、より脚を美しく見せてくれる！ ヒールは12.7㎝。Oxford ¥31,500／hades JAPAN

ペタンコのおでこ靴だから歩きやすい！ 気張らずにスチームパンクしたい女子に。KITTY HOWK ¥14,700／hades JAPAN

ファーがあしらわれたゴージャスなブーツ。ヒールは12.7㎝。POLARO 各色 ¥35,700／hades JAPAN

究極の美脚に仕上げてくれるサイハイブーツ。ヒールは12.7㎝。Ventail ¥42,000／hades JAPAN

メタリックなかかとにビスが打ち込まれた、最高にクールなハイヒールブーツ。MORGANA ¥31,500／hades JAPAN

Corset Story

コルセット・ストーリー

イギリス発で、コルセットをメインとしたクラブカルチャー服を作る、人気ブランド。『蒸気屋黒髭』他、ウェブサイトで手に入る。

立ち襟と姫袖がヴィクトリアンなブラウス。レースフリルトリムフィットシャツ¥10,000／蒸気屋黒髭

アジャスターつきなので、ドレープの形や長さを調整できる。スチームパンクアジャスタブルレングススカート¥10,000／蒸気屋黒髭

Corset Story
オフィシャル写真

RE STYLE

リ　スタイル

ポーランド発で、クラブカルチャー服をデザイン。スチームパンクもお得意。『蒸気屋黒髭』などで購入できる。

ベルトポーチは一つ持っていれば、フルに活躍！ フェイクレザー製。スチームパンク・ポケットつきアンティーク装飾ベルト¥12,500／蒸気屋黒髭

Dracula Clothing

ドラキュラ・クロージング

チェコ発、ゴシック系に強いブランドだけれど、スチームパンク系もデザイン。手持ちのゴシック服とMIXしても相性がいいよ！

ブラウン地の布に黒のレースが施された、エレガントなアシメトリー型スカート。ブラウンラッフルスカート¥15,000／蒸気屋黒髭

Red Queen's Black Legion

レッド・クイーンズ・ブラック・レジオン

中国発の、スチームパンクに強いブランド。服の他に小物も大充実。東京『NUDE N' RUDE』で多く扱っている。

ショート丈のジャケットは、スチームパンク女子にはマストなアイテムの一つ。ジャケット¥12,000／NUDE N' RUDE

体を締めつけないソフトタイプのコルセット。¥12,000／NUDE N' RUDE

これを1枚着れば、スチームパンクコーデは完成！ の重ね着風ワンピース。¥15,000／NUDE N' RUDE

オフショルダータイプで、可愛く肌見せ！ ブラウス¥7,200／NUDE N' RUDE

第3章

時空を超える旅のための道具を制作しよう！

7人のＤＩＹの達人たちが作った
自慢のスチームパンク・アイテム13作品を、作り方と共に掲載！
インテリア小物からファッションアイテムまで
できるだけ手に入りやすい、またチープな材料を使った
初心者向けのアイテムばかり。
これをお手本に、スチームパンクなＤＩＹに挑戦を！

スチームパンク DIY講座

P72

アイデアが詰め込まれた手作り、アイテムが満載！

スチームパンク DIY講座

スチームパンクを楽しむ上で、欠かせないのがDIY精神。そこで、ここでは初心者でも作れるよう、100円ショップやホームセンター等で購入できる、手に入りやすい材料を使い、初めてでも作りやすい作品を一挙紹介。人気スチームパンク職人＆趣味人のセンスとアイデアを参考に、ぜひあなたも手作りにチャレンジを！

⚜スチームパンク燭台

100円ショップで揃えた様々な商品を組み合わせ、高さ約60㎝の存在感のある燭台を製作。部屋のインテリアとしても最適！

作り方はP77へ

製作● handmano

玩具や小道具、アクセサリーに楽器など、あらゆるものの製作や改造を手掛けるガジェット・エンジニア。スチームパンク作品も精力的に製作。2014年春、東急ハンズ横浜店にて1カ月にわたり開催された『スチームパンクワンダーランド』にも数々の作品を出品。その遊び心溢れる作風は高い評価を受けている

⚜スチームパンクアンティーク手鏡

組み合わせの妙で生まれた、どこか近未来の武器的な雰囲気を纏った格好いい手鏡。毎日の生活にもスチームパンクを取り入れたい！

作り方はP76へ

⚜スチームパンクランタン

100円ショップで見つけた小さなデスクライトを使ったランタン。霧吹きを逆さまにして合体させるだけ！塗装の面積も少ないので、初スチームパンク工作には特におすすめのアイテム。

作り方はP76～77へ

「金属表現塗装」の実例

これは黄色いプラスチック製のおもちゃに塗装を施したビフォー（上）&アフター(下)。今回はこれと同じ金属表現塗装を、プラスチックの板を使用し、解説！

handmanoさんが伝授！ 初心者におすすめの

アクリル絵の具を使った金属表現塗装をマスター！

スチームパンク工作の醍醐味の一つが、金属風な塗装。
その技法は様々。ここでは工作初心者でも手軽にでき、
なおかつ有毒な有機溶剤（シンナー）入りの塗料を使わずに室内でも
安全に行える、塗装方法を紹介。
使用するのは「ジェッソ（下地剤）」
と「アクリル絵の具」。P72 ～ 73のアイテム（作り方は P76 ～ 77）は、
全てこの塗装方法で製作！

【作業前の準備】

机や周りを汚さないよう養生シートやカッティングマット等を敷いておこう。新聞紙などでもOK。「紙ヤスリ」または「スポンジヤスリ」を用意する

【1.下地を作る】

上は元のプラスチック板、下はやすりをかけた状態

プラスチックの表面がツルツルのままでは塗料が剥がれやすくなってしまうので、塗料の食いつきをよくするために“目の細かいヤスリ”で磨いて、表面が曇る程度にザラザラにする（局面や細かい隙間がある部分は、「紙ヤスリ」より「スポンジヤスリ」のほうが磨きやすい)。研磨後は、プラスチックの粉や表面の油や汚れなどを落とすため、食器用などの中性洗剤で洗い、水気をよく拭いてよく乾かす。丸洗いができない場合は、しっかり絞ったボロ布などでキレイに拭いて乾かしても OK

スチームパンク的な「機械感」を出すために、平坦な表面にディテールを加える。簡単な方法では、好きな形に切り抜いたガムテープを貼り重ねたり、携帯電話用のデコシール等で凸凹をつける

【2.ジェッソ(下地剤)を塗る】

いよいよ塗装開始。まず下地として画材の「ジェッソ」の黒を塗る（画材店などで購入可能）。筆を使い、筆の跡やムラはあまり気にせずに手早く塗る。厚塗りは剥がれの原因になり、乾燥も遅れるので、塗り過ぎには注意を

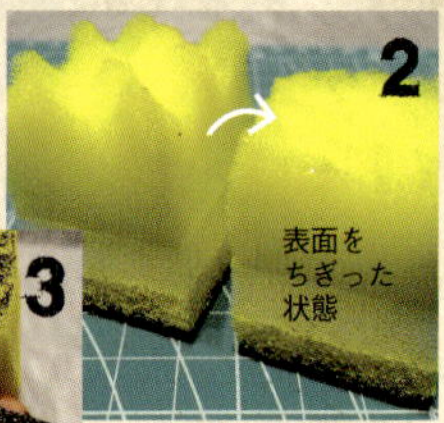

筆ムラの質感もそのまま味になるが、ここで表面処理の別の方法も紹介。台所スポンジを小さく切り分け、表面の凸凹をちぎって、更に細かい凸凹にし、その面で塗ったジェッソの表面をポンポンと軽く叩くようにしてならす。均一化した表面を作る時に有効な方法で、筆の跡とはまた一味違う、スポンジ独特のザラザラ感に仕上がりに

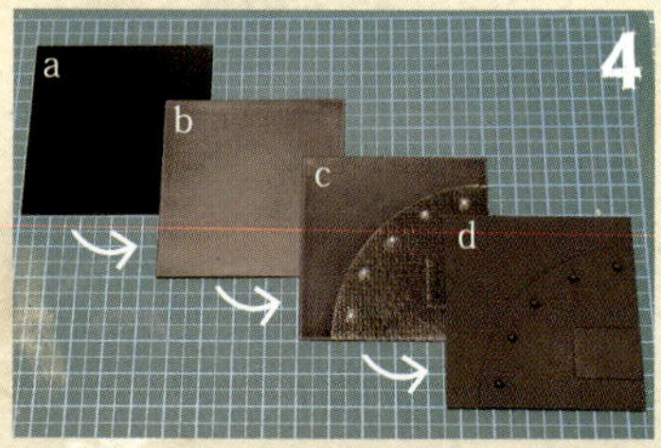

ジェッソの「完全乾燥」を待つ。塗り面積により数分～数十分程度かかるが、ドライヤーを使うと時間を短縮できる（※ 30cm以上は離して軽く当てるように。近過ぎると熱でプラスチックが変形するので注意)。写真は左上から、a 元のプラスチック板、b ヤスリがけ、c ディテール加工、d ジェッソ完了、の手順の変化

※アクリル絵の具の塗装の留意点

アクリル絵の具は有機溶剤（シンナー）が入っていないぶん、安全で扱いやすいが、塗料の定着がそれほど強くはない、という弱点もあり、身につけて持ち歩くアクセサリー類の製作には注意が必要。今回の方法で塗装そのものに慣れてきたら、次はより強力な塗料や種類の違う塗料の扱いに挑戦してみるなど、いろいろと試しながら自分に合った方法を見つけてみよう！

3.【アクリル絵の具を塗る】

【指塗り】

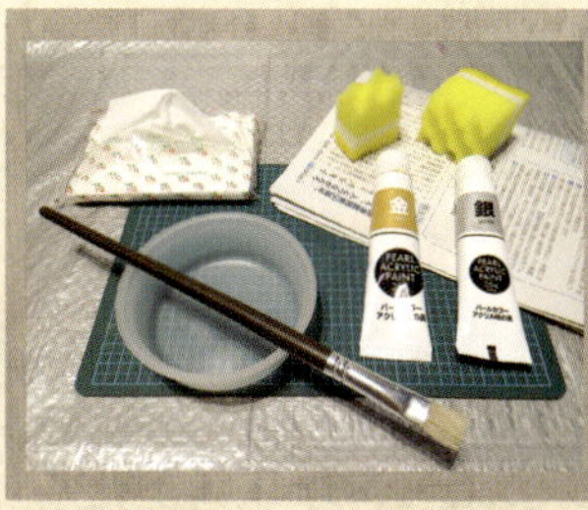

材料と道具

アクリル絵の具は、画材店、文具店のほか、100円ショップでも購入可能。絵皿、筆、スポンジ等も用意しよう

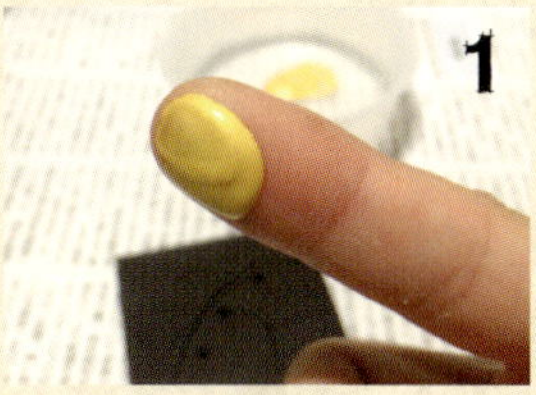

おすすめは「指塗り」。アクリル絵の具は、乾く前なら水だけで、乾いた後でも石鹸で簡単に洗い落とせるので心配せずに！　絵の指先に少しとる。ここではゴールドのアクリル絵の具を使用

塗り方のポイントは「薄く塗り重ねる」を繰り返すこと！　手の甲などを利用してアクリル絵の具をぬぐい、指先の絵の具がかすれる程度に調製する

軽くなでるような感じで、指先で下地のディテールの段差や凸凹を感じながら、隙間などは塗り残すように、少しずつ塗っていく。筆でもよいが、この感覚は指塗りが一番感じ取りやすい

下地の「黒の透け具合」が金属っぽさのポイントとなるので、そのバランスを見ながら、好みの色合いまで薄塗りを繰り返す。最初からベタッと塗ってしまうと下地を塗り潰してしまってうまく塗れないので注意

こちらはシルバーのアクリル絵の具を使った場合の、塗り具合の変化

【スポンジ塗り】

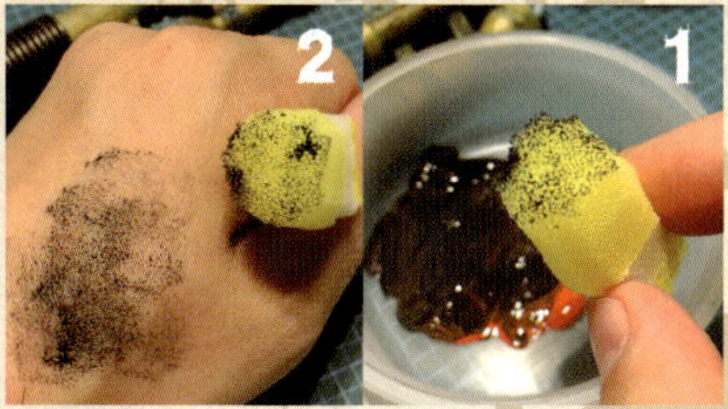

さらに金属っぽさをもう一味深める方法を紹介。下地塗りの時にも使用した、表面をちぎったスポンジの切れ端に焦茶色くらいの暗い色を取り、指塗りと同様に余計なアクリル絵の具をぬぐってから、軽くスタンプするように塗る

▼

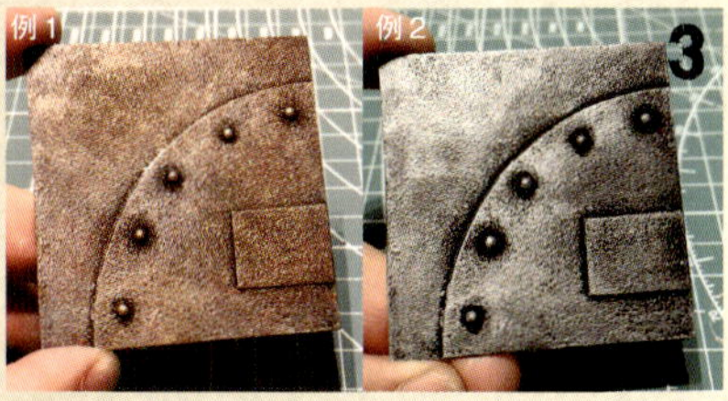

銀1色で塗ったところに、黒や焦茶色、金、銀などを、スポンジのスタンプでランダムに少しずつ塗り重ねることで、単色塗りよりも深みのある色合いに。色を調合して筆で塗るよりも簡単で金属質の雰囲気が出しやすい方法の一つ。アクリル絵の具は乾くのも早いので、好みの仕上がりをイメージしながら薄塗りを重ねてゆけば、あっという間に完成！

覚えておきたい「劣化表現」！

塗装には、経年変化の「エイジング」や、汚しの「ウェザリング」などの様々なテクニックがあり、スチームパンク工作においても、アンティーク感を出したり、使い込まれた風合いを演出するため、よく使われる。その一例として「真鍮のサビ（緑青）」と「鉄のサビ」を簡単に紹介！

真鍮のサビ（緑青《ろくしょう》）

使用するアクリル絵の具は、シンプルに緑・青・白の３色。3色を混ぜて好みの緑青の色を作り、水を加えて少し柔らかくする[1]。次にサビが浮き出そうな部分に、アクリル絵の具を塗る。怖がらず大胆に塗って大丈夫[2]。最後に塗った直後にティッシュペーパーや綿棒などで軽く拭き取る[3]。（※あまり強く拭くと下地の絵の具ごと剥がしてしまうことがあるので、拭き取る時は力加減に注意）

鉄のサビ

絵の具は、茶・黒・赤の３色。やり方は「真鍮のサビ」同様に。また、細かな修正や表現は、細い筆で書き足すと、より雰囲気を出すことができる

アイテムを作ってみよう！

P72～73に掲載したhandmanoさんのアイテムの作り方がこちら！　塗装は全てP74～75のアクリル絵の具を使った塗装を施したもの。自由な発想で様々なアイテムを組み合わせ、摩訶不思議な発明品を創作、創造するのもスチームパンクの楽しみの一つ。ぜひ参考に自分のオリジナル性を加えてチャレンジを！

⚜スチームパンクアンティーク手鏡の作り方

メインとなる材料は、100円ショップで購入した手鏡とおもちゃの水鉄砲！

鏡部分は汚さぬようマスキングテープ等で養生しておく。手鏡と銃はボンドと結束バンドで固定して合体！

ディテール加工を足す。結束バンドの不要部分はカットする

下地の黒ジェッソを全体に施したところで、バランスを最終確認する

部分で塗り分けたり、濃淡をつけたりして質感を工夫。好みのアンティーク・ゴールドカラーに塗装

P75を参考に緑青のサビ色などを施し、さらにアンティーク感を出そう！

好みのパーツを貼りつけたり、ワイヤーなどを巻きつけるなどして、スチームパンク度をアップする

⚜スチームパンクランタンの作り方

材料は100円ショップなどに売っているデスクライトと霧吹き

霧吹きを逆さまにし、LEDライトと仮組みする。仕上がりの形を決める

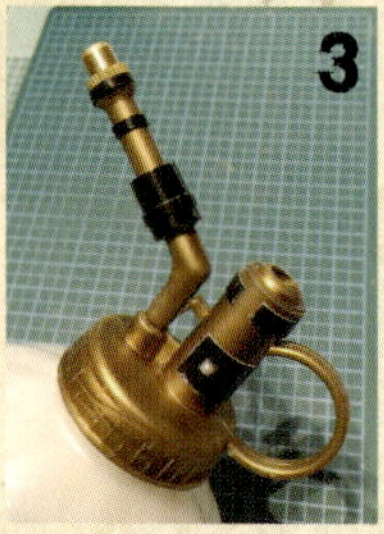

ヤスリをかけ、汚れを取り、ガムテープやデコシールなどでディテールを追加する。霧吹きのピストン部分は外しておく

P74～75の
「アクリル絵の具」の塗装で

スチームパンクな

スチームパンク燭台の作り方

材料は、a 霧吹き、b おもちゃのラッパ、c LED ライトのロウソク、d 浄水器、e なべ蓋、f 引き出しの取手、g 茶托

仮組みをしながら全体の色合いや仕上がりの状態を想像し、同時に製作手順の確認なども行う

ヤスリがけ、洗浄、ディテール加工、下地のジェッソ塗装、と順番に進めてゆく（一部部品は、洗浄後接着しておく）

ここでまた仮組みをし、全体のバランスや、ディテールのチェックをする

アクリル絵の具で好みの質感に塗装してゆく

組み立て（必要箇所は接着）と塗装の仕上げが終わったら完成。そしてもう一工夫。針金で配管ディテールを追加！　部品をつけ足し、世界観を広げよう

ライト本体も同様にヤスリ～ディテール加工の手順で。3で外したピストン部分は台座側にボンドなどで固定

ジェッソを塗り、好みの質感に塗装してゆく

ゴールドを塗り分けて真鍮を表現し、鉄サビや緑青塗装なども少し加えて雰囲気を出す

各パーツをボンドなどで接着し組み立てる。霧吹きのリング部分とジャバラはワイヤーを使って接続

上部にもワイヤーなどを足し、好みでディテールをつける。作例では吊り下げ用のリングを製作

⚜スチームパンクヘッドフォン

スチームパンクを演出する小物として、コーディネートに一役かってくれるヘッドフォン！　実際に動作するヘッドフォンを解体し、スチームパンク風に加工、装飾したアイテム。

作り方はP79～81へ

製作●錬成機械工場 工場長 とし

昔から好きだったジャンルが「スチームパンク」という名称を持つことを知り、さらに工作好きが高じて、５年ほど前から製作を開始。アクセサリーなどの小物から、飛行装置、ニキシー管ディスプレイなど幅広く制作中
Blog : http://steambrassandgear.blog.fc2.com/

⚜スチームパンクヘッドフォンの作り方

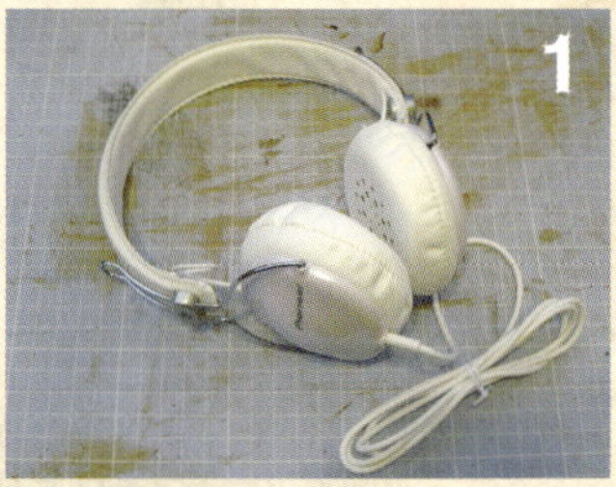

まずは自分のスチームパンク感に合った製品のセレクト。今回はホワイトカラーで、丸みを帯び、ワイヤーで耳当て部分が固定されている製品を選択

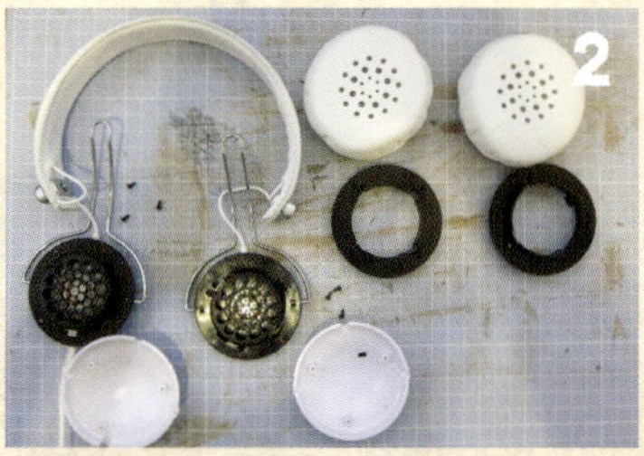

マスキングで塗り分ける方法もあるが、今回は各部分ごとに塗装するため、できるだけ分解。分解後は細かい部品を失くさないよう、きちんと仕分けしておく

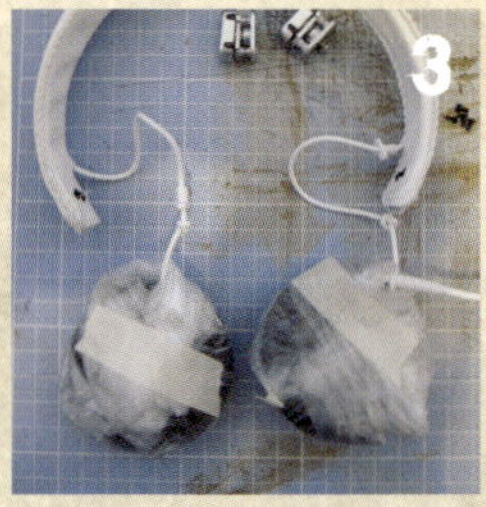

ヘッドバンド部分は耳当てとコードを一緒に塗装するため、スピーカー部分をビニールなどで覆い、保護しておく

塗装にはスプレー型塗料のコーヒーブラウンを使用。少量ずつ塗装、乾燥を繰り返す

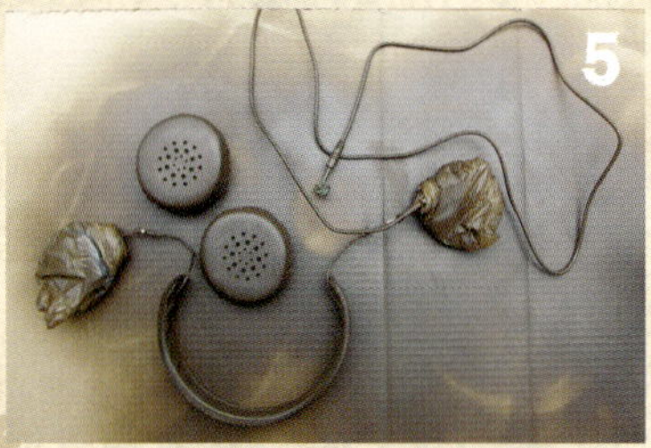

10回ほど塗装を繰り返した状態。好みの色合いに仕上げる

パール系の塗装がされている耳当ての外側部分やシルバーの留め具は、240番の紙ヤスリで表面を削っておく

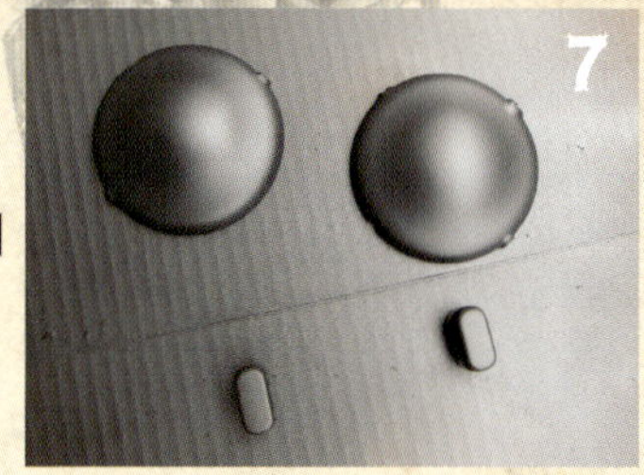

6でヤスリをかけた耳当て部分は、使用時に擦れて塗料が剥げやすいので、それを見越して、ベースに黒のスプレー型塗料を塗っておく

それぞれの部品を好みの色にメッキ調のスプレー型塗料で塗装する。この時も少量ずつに。塗装が乾いたら、最後に透明のスプレー型塗料で保護を

塗り終わった部品を仮組みし、塗り残しなどがないかチェック。これで塗装は終了。いよいよ装飾に

⚜スチームパンクヘッドフォンの作り方

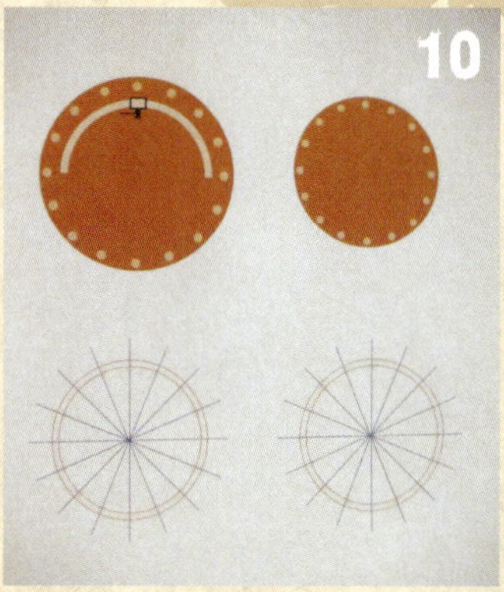

10

耳当ての周囲に等間隔にリベット風の装飾をするため、図形作成ソフトで円を16分割した図を作成し、プリントする

11

ふくらみがあるので、一カ所に切り込みを入れ、傘のように貼りつけて15分割の等間隔のガイドに

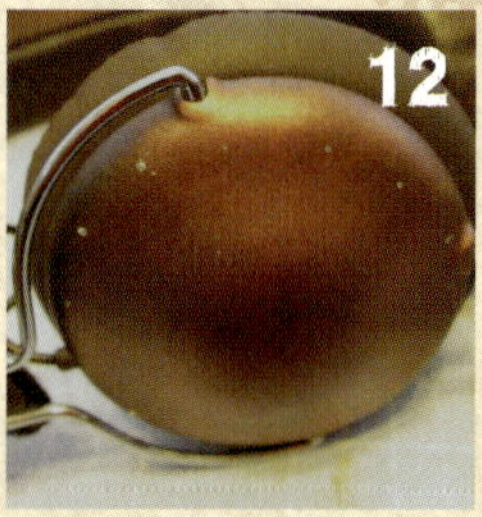

12

リベット風の装飾をしたい位置を決め、11で貼りつけたガイドに沿ってナイフなどで傷をつけて印にする

13

リベット風にするため、携帯電話等のデコレーション用ラインストーンを、一度黒く塗ってから、真鍮色や銅色にしたもの。接着剤で貼りつける

14

ワイヤーとヘッドバンドを固定している部品もこのままではさびしいので、スクラップブッキングなどで使われる割りピン（ネジ頭をイメージした割りピン）で装飾。こちらも先に塗装済みのものを使用

15

割りピンのピン部分は切断する

16

裏側の空洞は、接着面積を増やすためホットボンドで埋めて利用する

17

リベットとネジをつけて、装飾のベースが完了

18

次に耳当て右側の作成。蒸気にちなんだ圧力計などのダミー計器をつけることにし、方位磁石を分解したパーツを使用。パーツを乗せる位置を確認する

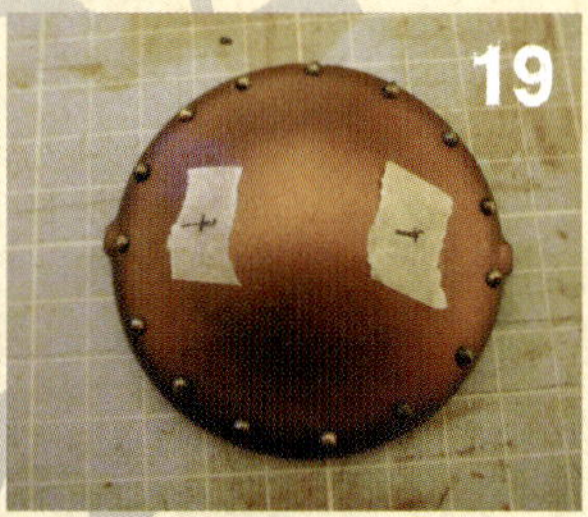

19

位置が決まったら、マスキングテープなどでマーキングしておく

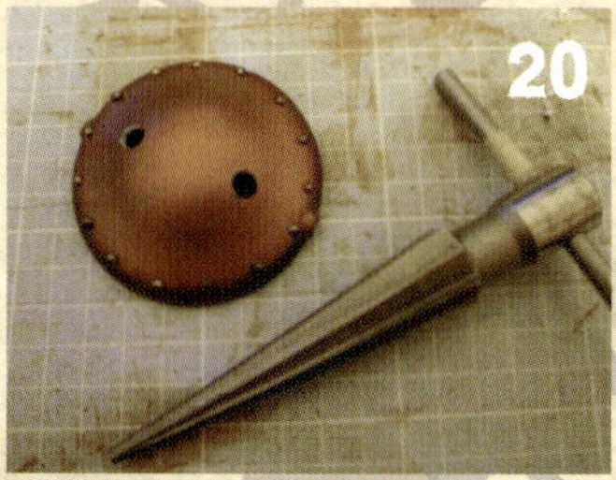

20

マーキングした位置に穴を開け、計器装飾用のケースがはめ込めるようリーマーで穴を広げる

⚜スチームパンクヘッドフォンの作り方

図形ソフトで計器装飾の中に入れるパネル部分を作製し、印画紙等に印刷する

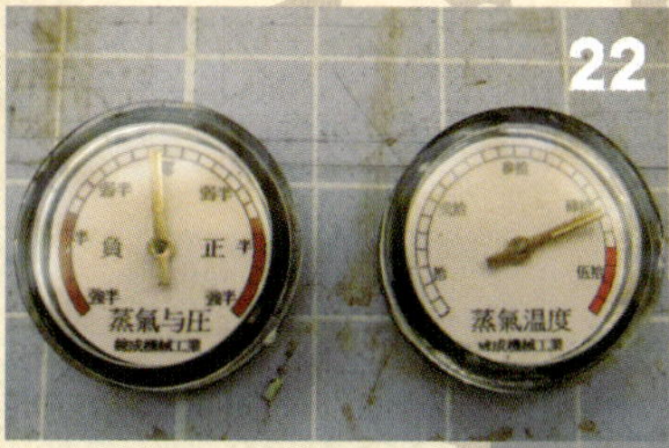

21を切り抜き、本物の時計の針と一緒に組み込むことで、計器のように演出する

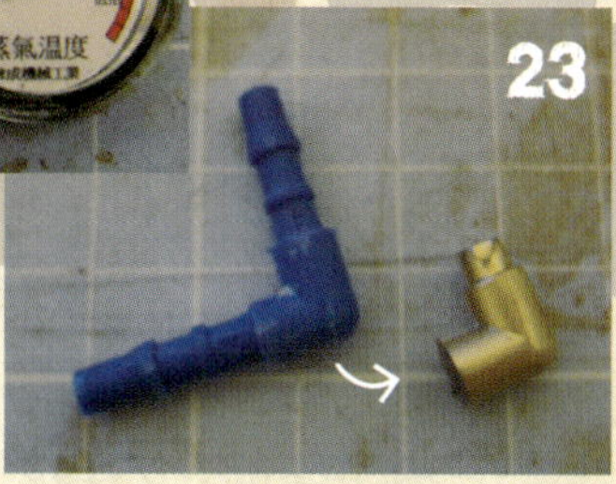

反対の耳当て左側は、小さな蒸気タンクと弁をイメージした装飾に。まずはホームセンターで買ったL字型のパイプ（左）を切断し、金属色に塗装（右）

蒸気タンク部分は、aの緊急用笛の一部分を、bの型取り用シリコンを使って型取りし、cのアクリルリキッドとアクリルパウダー（ネイル用品）を使って部品を作る。塗装する

耳当て左側につける蒸気タンクと弁の部品。弁には、熱帯魚の送気パイプにつける部品とパイプを使用。こちらも塗装

25のパイプをカットし、蒸気タンクと弁の材料をそれぞれ組み立てる

組み上った部品を、耳当て左側に装着。接着だけでは外れてしまいそうな場合は、裏側から小さなネジで留める

最後に本組みをして完成

クラシカルスチームパンク銃

おもちゃの銃と水鉄砲を組み合わせた、近未来蒸気銃。
エアブラシを使ってウッド調の質感を表現し、
クラシカルな雰囲気に。塗装好きにおすすめのアイテム！

製作● KARZWORKS

（株）マーミットを立ち上げ、オリジナルモンスターのソフビ人形やフィギュアなどを制作、ドラマ等にも提供している造形作家。スチームパンク装備・衣装やモンスターガールなどの製作及びレンタルも行っている。デザインフェスタ、アーティズムマーケット等出店も多数
（株）マーミット HP : http://www.marmit.co.jp/
KARZWORKS HP : http://karzworks.com
Blog : http://star.ap.teacup.com/karzworks/

⚜クラシカル
スチームパンク銃の作り方

1

プラスチックの海賊ピストルと水鉄砲を用意する。海賊ピストルはホビーショップで、水鉄砲は100円ショップにて購入

2

水鉄砲をプラスチック用のこぎりでカット。使用するのは中央部分なので、タンクや先端、グリップ部分を切り離す

3

海賊ピストルもプラスチック用のこぎりでカットする。カットするのは、中央と先端の2か所

4

カットした水鉄砲と海賊ピストルを組み合わせ、プラスチック用接着剤で接着。収まりの悪い隙間部分には、プラモデル用のジャンクパーツを挟んで接着する

5

下地の色を隠すため、水鉄砲部分にサフェーサーを吹きつける。モールドがダレないよう薄めに

6

黒を塗装する。模型用塗料がおすすめ。塗料ダレを防ぐため、何度かに分けて吹きつける

7

ブラウンを塗装する。雰囲気を出すためには、完全に塗り潰さずに下の黒をムラに残すのがポイント。細かなディテールにはエアブラシを使用

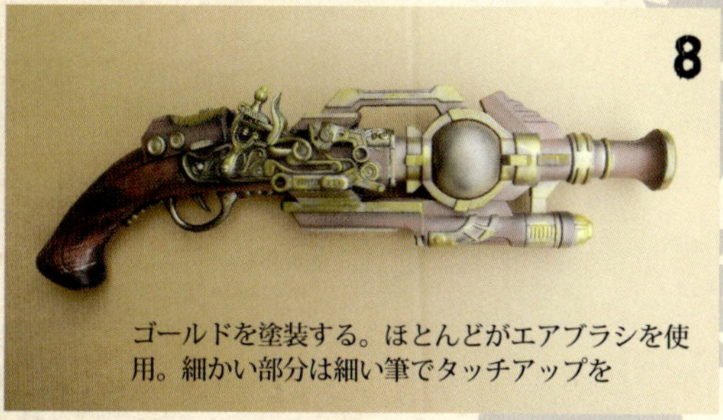

8

ゴールドを塗装する。ほとんどがエアブラシを使用。細かい部分は細い筆でタッチアップを

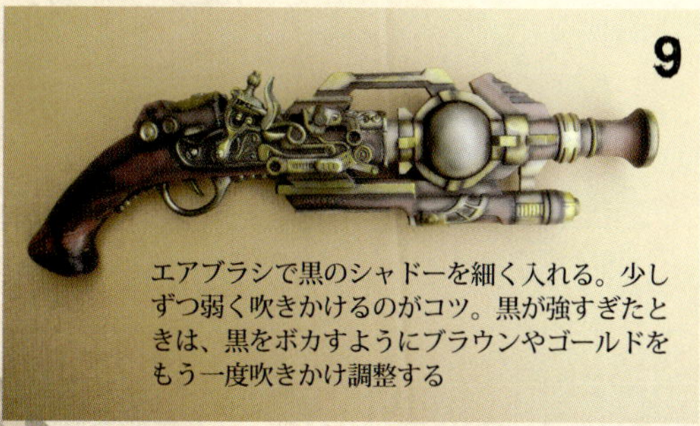

9

エアブラシで黒のシャドーを細く入れる。少しずつ弱く吹きかけるのがコツ。黒が強すぎたときは、黒をボカすようにブラウンやゴールドをもう一度吹きかけ調整する

⚜防塵ゴーグル

廃材を使ったゴーグル。金属ゴミをいろいろ組み合わせているうちに思わぬものができあがったりするのもDIYの醍醐味！　金属はなました後であれば、手でも曲げられるので、ぜひチャレンジを。

作り方はP86へ

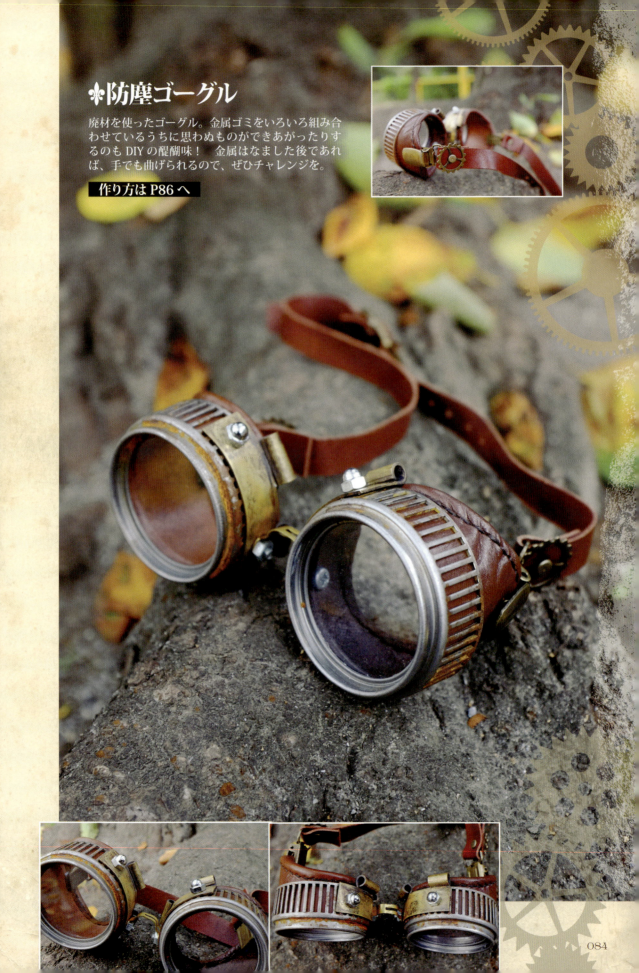

⚜ファッションハーネス

なんと予算が1000円以内でできてしまう、100円ショップのベルトを使って作るハーネス。いつもの洋服もこれ一つ身につけるだけで、グッとスチームパンク度が上がるので、初心者には、特におすすめのアイテム。

作り方はP87へ

製作● Crystaline（クリスタライン）

スチームパンクファッションをこよなく愛する、Webデザイナー。Facebookのスチームパンク連盟(Steampunk Japan)グループや、mixiのSteampunk Fashionコミュニティの発起人としても有名。DIYやコーディネートの紹介をするブログも人気！
Blog: http://d.hatena.ne.jp/crystaline/

⚜防塵ゴーグルの作り方

ゴーグルの枠として使っているのが、右写真の筒状の廃材。見つからない場合は、左写真のような、スパイスケースの蓋もゴーグルの素材としておすすめ

真鍮製の蝶番も材料に。古い納屋に使われていた廃材を利用

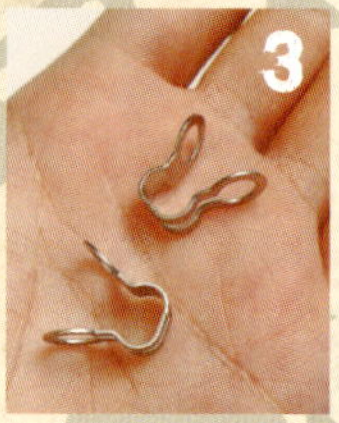

鼻当て部分に使っているのは、ボールチェーン用Ｖカップリング。これはお風呂の栓についているボールチェーンの根元などに使われているもの。ホームセンターなどで購入可能

筒状の廃材にレンズを入れる。レンズはプラスチック製の下敷きをサークルカッターでカットする。写真のように筒に合わせて、風防の型紙を作る

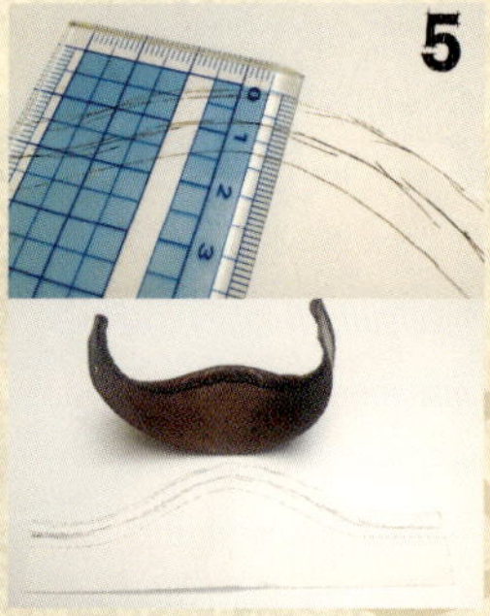

4の風防の型紙を開いたところ。低い所は筒から＋5㎜、最も高い所は＋25㎜になるようにする。端は縫い代を10㎜取り、革を裁断する。革は縫い代にひし目打ちなどで縫い穴を開けて縫う

蝶番を筒のカーブに沿うように曲げる。金属はなまして、円柱状のものに沿わせて曲げる

【金属の「なまし」】

金属を一度火で熱して、水に漬けて冷まし、金属をやわらかくする工程。手でも曲げられるようになる。
※火の取り扱いにはくれぐれも注意を。やけどをするので、熱いうちにはくれぐれも触らないように！　また金古美の金具として安く出回っている亜鉛合金は、火にかけるとあっという間に溶けるので、最初に素材を必ず確かめること

蝶番の穴に合わせて、筒に開ける（今回は格子だったため、ペンチで棒を1本ずつ切り落としている）。5の風防をはめ込み、穴の位置に印をつけておく

7で印をつけた位置を、レザーポンチなどで約6㎜の穴を開ける

6～8蝶番、筒、風防の穴が、きちんと重なるかどうか確認する

9で合わせた穴にM6のなベネジを裏から通す

10のなベネジの上側に、袋ナットを締める

10のなベネジの下側に、鼻当てのＶカップリングを通し、六角ナットで締める。締めにくい場合はラジオペンチで

ベルトを作る。帽子につけることを想定し、ベルトは15㎜幅の革を、長さ110㎜に2本裁断。サスペンダークリップをカシメで留める（お好みで歯車をカシメに通す）。バックルもカシメで留め、レザーポンチでバックル用の穴を開ける

風防の高い部分にサスペンダークリップを挟んで完成

ハットにセットした状態。ゴーグル自体に重さがある時はハットにセットするのがおすすめ！

ファッションハーネスの作り方

1

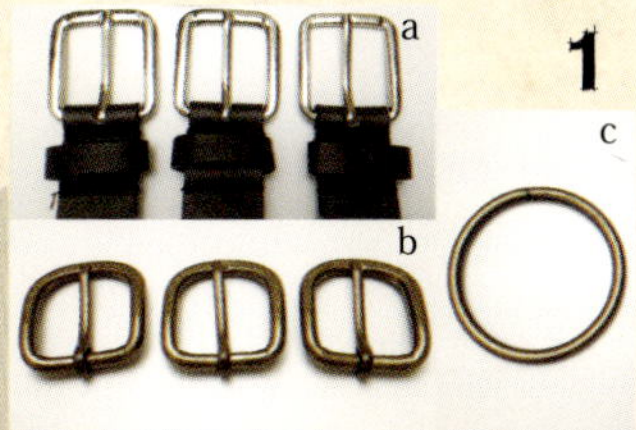

主な材料はa100円ショップのベルト3本、b金古美のバックル3個（100円ショップの別のベルトから取り外し）、c真鍮リング1個。真鍮リングは無しでも作れる（下記の真鍮リングがない場合を参照）

2

元のバックルを外す。縫い留めている糸を、リッパーなどで切って外す

3

外したバックルの替わりに、金古美のバックルを通す。表裏を間違えないように注意する

4

ベルト幅に合わせてバックル側を折り返し、輪にする位置を決める。ベルト幅より5㎜以上余裕を持たせておく

5

4で折り返したベルトの元々縫ってあった縫い目を利用し、縫い合わせる下側の革に印をつける

6

5でつけた印に合わせて、目打ちを貫通させる

7

入れ替えたバックル部分を糸で縫っていく。端は3回ほど巻きかがり、しっかりと縫う

8

バックルの下と6で縫い穴を開けた部分を縫い合わせる。分厚くて針が通りにくい場合は、目打ちで再度、縫い穴を広げる。（※固いもので針を押すのも手。あまり無理をすると針が折れるので注意を）

9

余分な部分をカットする。これでベルトループの完成。もう1本のベルトを使ってベルトループを2個作る

10

残り1本のベルトをアンダーバストに合わせてカットする。この時バックル側をカットすること！

11

11のバックルを2と同様に外し、カットしたベルトに重ねて、縫い穴と金具が通っていた楕円形の穴を目打ちでなぞり、印をつける

12

12の印に沿って、目打ちで縫い穴を開ける。楕円形の穴は、クラフトパンチなどで両端を開ける

13

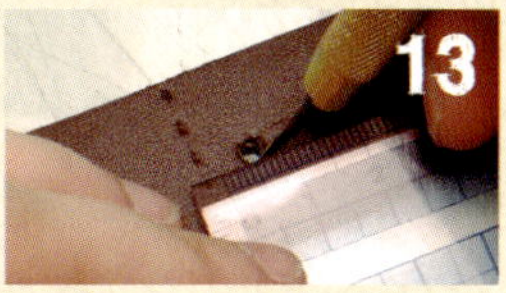

13で空けた穴を定規で結んで、カッターなどでカットして、楕円形の穴を開ける。7～8同様にバックルを縫いつけ、アンダーバストベルトを作る

14

9でカットしたベルトの端を、ベルトが通る幅でループ状に縫う。逆側は真鍮リングが背中のちょうどよい位置にくるように長さにカットして中央ベルトにする

15

14のベルトに真鍮リングを挟んで縫いつける。残ったベルトを肩ベルト用にカットし、同様に真鍮リングを挟んで縫う。9のベルトループと一緒にアンダーバストベルトに通す

【完成時の部分名称】

真鍮リングを使った場合は、Y字のバックスタイルに。本革よりも、合皮のベルトを使ったほうが、軽く仕上がり、摩擦が少なく服の生地が痛みにくいのでおすすめ

真鍮リングがない場合

2本のベルトの長さを調節し肩ベルトに。端をループ状に縫ってアンダーバストベルトに通す。背面のベルトが並行するデザインに

⚜並行未来へ渡るカギ
（かんざし）

Cカンと2重カンでチェーンを作り、チャームをプラス。大きなカギモチーフがポイント。

⚜海底遺跡の出土品
（ネックレ[illegible]&イヤリング）

革で歯車を型取りして、アクセパーツに使用！ピアスやブレスレット等にも応用できる。

⚜「彼女」へ贈る花釦
（ブレスレット&ヘアピン）

花の釦をチャームとして使った女性らしいデザイン。程よいボリューム感があり！

⚜記憶保持補助装置
（ヘアピン）

2本のヘアピンをチェーンで繋げたデザイン。いろいろなヘアアレンジに使えて便利。

製作● RENA

蒸気雑貨店 ClockworkMaiden という名称で、スチームパンク服飾雑貨を製作中。美容室 DIFFERENCE ENGINE（P105 にて紹介）にて、アクセ類の販売もあり。（P28 に登場）

⚜海底遺跡の出土品
⚜記憶保持補助装置の作り方

大きな革の歯車は、中央にパンチングでカシメ用の穴を開ける

1にカシメを打ち込んでアクセントに

革の歯車の左右端に、細い釘を打ちつけて、小さな穴を開ける

ネックレス用の革の歯車4つをCカンで繋ぐ。Cカンは直径5㎜サイズを使用

イヤリングは下にドロップ型ビーズ、上にイヤリングパーツをそれぞれCカンで繋ぐ

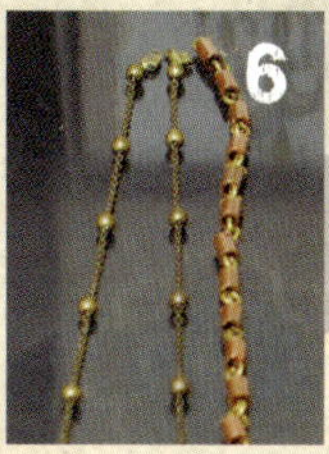

チェーン部分は市販のものを使用。好みの長さにカットして、モチーフの金具にCカンで繋げる

⚜革の歯車の作り方

革のハギレを使って簡単に作れるので、覚えておくと便利！　アクセ以外にもバッグや洋服のアクセントにといろいろ使える！

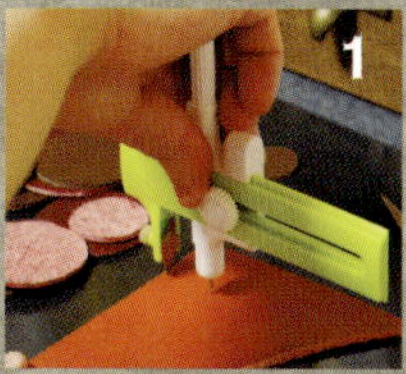

コンパスカッターで、革に円状の切り込みをつける。円の大きさはお好みで。今回は、大中小それぞれ直径を大 43mm、中 40mm、小 29mm にカット

1で切り込みを入れた円をハサミで切る

円の縁に半円にカットする部分の印をつける。等間隔で８等分になるよう、切り込みを入れる

3で印をつけた部分を、レザーパンチで半円状にカットする

大きめの半円でカットしたい時は、穴あけパンチを利用してカットする

⚜並行未来へ渡るカギ
⚜「彼女」へ贈る花釦の作り方

ヘアピンやかんざしの先にはクリアビーズを通してアクセントに

実際に２重カンとCカンだけを繋げた状態。それぞれこれをベースに各パーツを盛りつける

☆ ベースになるチェーンの繋ぎ方

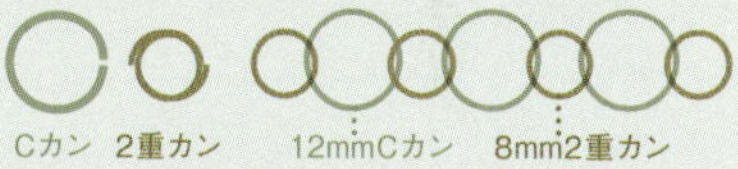

かんざしと花釦のアクセは、２重カンとＣカンを繋げたチェーンを使用。直径12㎜のＣカンと、直径８㎜の２重カンを交互に繋げる。大小の組み合わせでボリューム感が出る

かんざしは歯車と鍵のモチーフを直径5㎜のCカンで繋げて、かんざしパーツとさらに繋げる

花釦のアクセは、大きいCカンのほうにボタンを２個通しながら繋げる

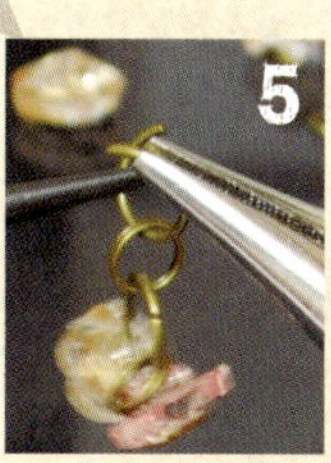

繋げる２個目のCカンもボタンが通せるように広げる

２個目のCカンにボタンと２重カンを通した状態。これを好みの長さまで繋げる

途中に直径5㎜のCカンで歯車パーツを追加する。ヘアピンや、カニカン＆アジャスターに繋げて完成

ゴーグル＆耳つきハット

子供用のハットに、塗装したゴーグルやネクタイで作った耳、コサージュ等で飾りつけたカスタムハット。違う形のハットや飾りつけで、オリジナルに挑戦するのもおすすめ！　コサージュはクリップタイプにすれば取り外しができて便利。

製作●あき

主にレジンを使ったアイテムを中心に製作を行うスチームパンククラスタ。無類のハット好きで、今回はオリジナルのスチームパンク風デコレーションハットを紹介。エスニック要素を取り入れたスチームパンクのコーディネイトも必見（P33に登場）！
Twitter：@aki_akinz

⚜ゴーグル&耳つきハットの作り方

主な材料はａ子供用のハット、ｂネクタイ、ｃゴーグル、ｄ革、ｅカシメ、ｆアクリル絵の具、ｇ飾り&コサージュ用小物

ゴーグルはベルトは切って外し、黒とゴールドのアクリル絵の具で塗装する

アクリル絵の具は、ゴールドに黒をほんの少し混ぜる。スポンジを使ってポンポンと軽くたたくように塗る

革の切れ端から、ゴーグルのベルト部を切り出す。2で外したベルトを使って、ベルトの幅をゴーグルに合わせる

4の革ベルトを二つ折りにして、パンチで２カ所に穴を開けておく

ネクタイの先端の三角部分をカットする

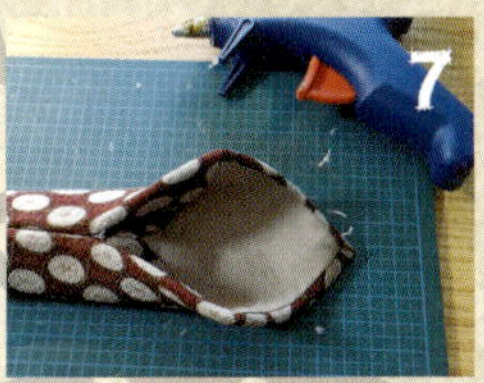

6のネクタイの裏側の両端を、接着剤で中央に貼りつける

7のネクタイの中心にタックを寄せて、接着剤で留め、耳の形にする

残りのネクタイをハットに巻きつけ、余った分部はカットし、両端を縫い合わせる

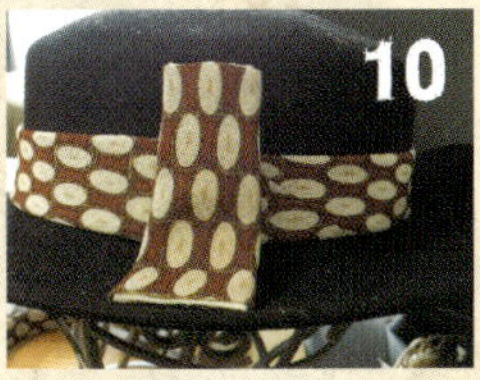

9で余ったネクタイを、カットした分部を隠すように巻きつけ、接着剤で貼りつける

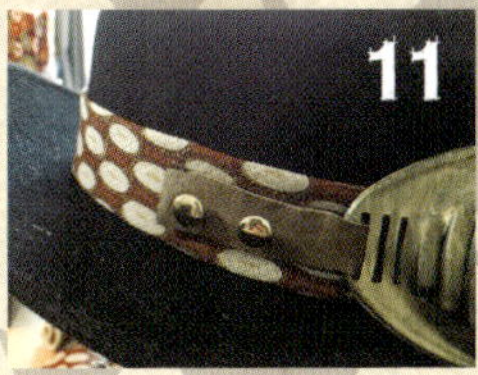

4の革ベルトをゴーグルにつけ、ネクタイ部分にカシメで留める

6～7で作ったネクタイの耳を、挟み込んで縫い留める

ダッフルボタンを接着剤で飾りつける（お好みでOK）

デコ用スプーンにワニクリップを貼りつけ、コサージュ台を作る

今回コサージュ用に使った材料がこちら。羽根や造花、ボタン、歯車など。異素材を組み合せることで世界観が出る

バランスを見ながらコサージュ台に貼りつけ、ハットにつけて完成

⚜スチームパンクカー

市販のプラモデルをスチームパンク仕様にアレンジした作品！　実際に走らせて遊ぶのはもちろん、インテリアとしても眺めているだけでも、空想が広がる作品に。廃材を配管に見立てて、使っているのがポイント。

製作●望早（misaki）

透明水彩や岩絵の具・ボールペンで絵も描いている、スチームパンカー。スチームパンカーが集まる座談会がきっかけとなり、プラモデル部所属だった経験から、スチームパンクカー製作を始める。現在はレザークラフトにもハマり中
Blog：http://profile.ameba.jp/blacksepia/

⚜スチームパンクカーの作り方

1

市販のプラモデルを使用して製作。今回使用したのは、写真左のしろくまバージョン

2

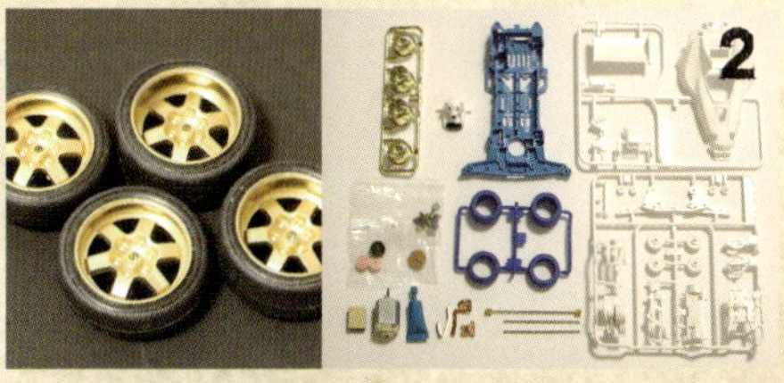

これがパーツ類。青いタイヤはゴム製のため、塗装ができないので、別売の黒いタイヤを使用。ボディ、シャーシ、ホイール等を真鍮色に塗装していく

3

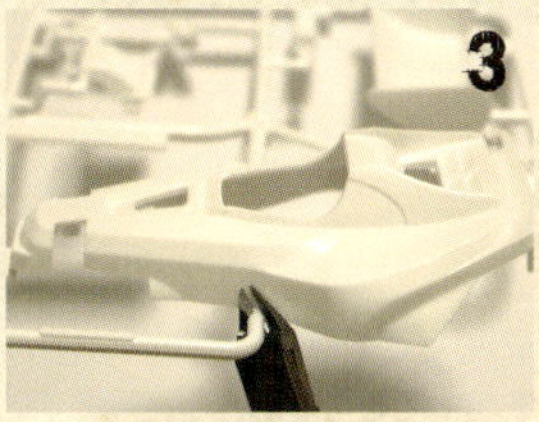

各パーツをニッパーで切り離す。この時に出る廃材は、使用するので捨てずに取っておく

4

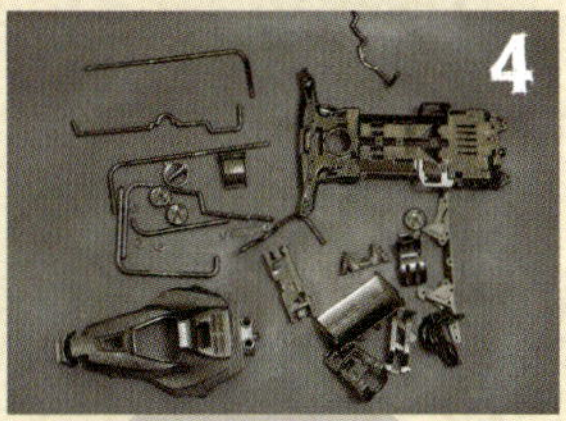

ベース色が隠れるように、表裏全面を黒に塗装する。廃材も一緒に。塗料はスプレー型塗料を使用

5

4が完全に乾いたら、表裏全面をゴールドに塗装する。こちらもスプレー型塗料を使用

6

しろくまのパーツは、プラモデル用の塗料を筆で塗る。白、ブラウン、黄色を混ぜすぎないように筆に馴染ませて、色ムラを出しながら塗装する

7

ブラウンや緑のプラモデル用の塗料を筆で塗り、サビているような雰囲気を出す。きれいに仕上げようとせずに、わざと塗りムラをつけてレトロに見せるのがコツ

8

廃材を配管に見立て、ボディにピンバイスで穴を開けて取りつけ、接着する（密着していないところでも接着しやすいので、ゼリー状の接着剤で固定するのがおすすめ）。組み立てる

9

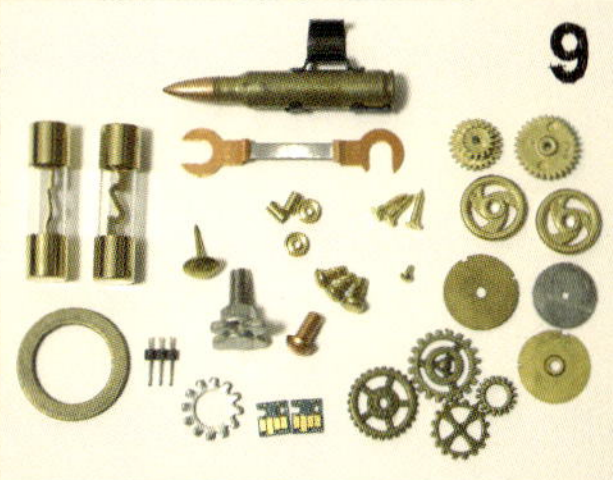

デコレーションをする。デコレーションパーツはビスや歯車、ヒューズ、デコシールなど。プラモデルのギアやローラーは真鍮色に塗装すれば歯車パーツに

10

ネジ等の金属パーツはボディに穴を開けて接着剤で固定。しろくまを乗せてパイプに重ならないか、またボディの内側に突き出したネジが電池を入れるスペースまで届かないよう注意を

11

正面から見た時のバランスを確認しながら、歯車等のパーツを接着剤で貼り盛りつける。フロントは重厚に、サイドはコースを走ることを想定して、四隅のローラーより外側に出ないように注意する

12

作業中にはがれてしまった塗料の補修や、サビ加減など色のバランスを見て、仕上げの塗装をする

第4章

スチームパンクのための
ヘア&メイク講座

装備・装着がキマったら、ヘア&メイクにもトライしよう。
SFを愛してやまない東京のヘアサロンが、
我々スチームパンカーズのために、とっておきのヘアメイクを伝授する！

ヘア&メイク手帖

P96

簡単ヘアアレンジとメイクで、スチームパンクスタイルをグレードアップする！

ヘア&メイク手帖

スチームパンクの世界をもっと楽しむためのヘア&メイクを、人気ヘアサロン「DIFFERENCE ENGINE」が提案！　簡単にできるヘアアレンジ方法と雰囲気に合わせたメイクを伝授。

※ここに掲載されている価格は、2015年10月現在の本体価格です

ドメスティック・パイレーツ

アシメトリーなシルエットとマットな質感で、パイレーツの男っぽさや芯の強さを表現。さらにやわらかなウェーブで女性らしい落ち着いた雰囲気も融合させたヘアに。メイクはゴールドとブラックのシャドーでスチームパンク観を強調！

ショートのアレンジにも最適なワイルドさのあるウェーブヘア

Model／末子
Hair／飯倉啓太
Make-up／吉田美青

レジメンタルチロルコルセット¥28,300、指甲冑大［三上鳩広］¥30,000、指甲冑小［三上鳩広］各¥22,500／以上abilletage　単眼ゴーグル［Tomoaki Hirano］、静かな森の中で［Caspol Glass］、バングル［GALUCKTONE］、ヤギループタイ バラ［memini］、マンタバッカー［mantam］、MEMORIES限定版時計［Gothic Laboratory］、イヤーフック トナカイ角シャンデリア［memini］／以上A STORY TOKYO　長袖レースブラウス¥5,348、レザー型押しベルト¥3,792、レザーヒモベルト¥2,820、／以上Fizzルック店

SHOP LIST ● abilletage、A STORY TOKYOのお問い合わせ先はP135をご覧ください。Fizzルック店☎03-3318-6049

編み込みには羽根を差し込んでアクセントに。編み込んだ毛先は、ウェーブの中に入れて馴染ませ、ピンで固定する

Before

前髪が長めのアゴまでの長さのボブ。毛先には軽くレイヤーが入った状態

Right

右サイドの編み込み部分は、毛束を少し残して垂らすことで、パイレーツのルーズさやワイルドさを演出している

Left

1

2

Hair Process

1 毛束を少量ずつ分け取り、ストレートアイロンで、全体を波状のウェーブにする。取り分けた毛束を根元側から、ストレートアイロンを内→外と返しながら、波状のクセを毛先までつける。この時、最初の根本側と毛先は必ず内側にクセづけするのがポイント

2 サイドは耳後ろに向かって編み込み、ピンで留める。しっかり編み込むというより、ところどころ毛束を残して垂らしてゆるめに。洋服の雰囲気に合わせ、ルーズさを演出する

Make up Point

真鍮カラーのゴールドとブラックのシャドーを取り入れた、スチームパンクにぴったりのクールメイク。上下まぶたの目頭側から中央までゴールドを入れ、目尻側はブラックをボカす。ブラックのシャドーは目の延長上に平行に伸ばすことで、クールなイメージにするのがポイント。チークはベージュ系を頬骨の下にあえて薄めてに入れて、あくまで格好よく！　リップはオレンジ系をチョイスして、生き生きとした表情を作る

Before

耳がかくれるぐらいの短めマッシュボブ。前髪は厚め

頭につけたガジェットは mantam 作「膨大な時間の為の頭部防具」。発光するオウムガイがヘアのウェーブを照らし出す！

Right

Left

存在感のあるガジェットは、バランスを見て左サイド側にセット。逆の右サイドやバックは、根元に逆毛を立てて少しボリューム感を出す

1

2

Hair Process

1 全体を細かく三つ編みし、その上からストレートアイロンでプレスし、三つ編みをほどくだけ。三つ編みを細かく編めば編むほど、細かい波状の質感に仕上がりに

2 手ぐしを通して、ワックス等を馴染ませて整える。ワックスなどのセット剤は、艶を消すマット系のもので仕上げるのがおすすめ！

Make up Point

赤のシャドーを使い、和装に似合う凛とした印象のメイクに。アイホールにはゴールドのシャドーをのせ、目尻に赤のシャドーをボカす。上まぶたのラインを細く入れ、目尻側につけまつ毛をプラス。下まぶたには、赤のラインとつけまつ毛をポイントに入れ、キリリとしたまなざしを演出。チークはベージュ系を頬骨に沿って、ほんのり艶を出す程度に。リップは唇をしっかりと縁取り、濃い赤で印象的に

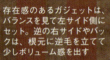

ガジェットを融合させた
アートなヘアで時の流れを表現

幻象の髪容

夢野久作の小説に出てくる女性のイメージをもとに、山田正紀の小説『幻象機械』の要素を取り入れてイメージを膨らませた、和スチームパンク好き必見のヘアアレンジ。少しパサついたルーズなヘアの質感とキリリとした艶感のあるメイクがマッチ！

Model ／街子
Hair ／飯倉啓太
Make-up ／唐牛初美

衣装協力／古道具屋 アウトローブラザーズ
ガジェット協力／ mantam

空中散歩に出掛ける日は
ルーズにまとめたアップヘアで

女空族

飛行装置をつけ、空を飛び回る空族をイメージして、ヘアは飛行に邪魔にならない、まとめ髪に。ゴーグルとヘアのマッチングを考え、ギブソンタックをチョイス。メイクはブラウン系の陰影メイクでナチュラルに。

Model／ヨアナ
Hair & Make-up／
吉田美青

ガジェット協力／錬成機械工業

Left

Before

肩下までのミディアムレイヤー。前髪が耳ぐらいまで長さのあるワンレングス風スタイル

Right

両サイドは耳上を目安に、ゴムに毛束を巻き込んでいく

ゴーグルはギブソンタックのフォルムに合わせてセット。ちなみに、飛行装置は錬成機械工場の作品。フロントにはハンドルやミラーつき！

1

2

Hair Process

1 長い輪状のゴム（ゴムを輪っかに結ぶか、細いカチュームでOK）を用意する。後頭部の根元に軽く逆毛を立ててふんわりさせ、用意した輪状のゴムをつける。バランスを見ながら後頭部の毛をつまみ出して、ふくらみをつける

2 ゴム下の髪の毛をくるりと丸めて、ゴムの中に入れ込んでいく。サイド側から少量ずつ、形を整えながら入れ込む。最後にハードスプレーでキープする。まとめにくい場合は、ワックスを馴染ませてからセットを

Make up Point

シャドーは二重部分を濃くしたブラウンの濃淡で陰影をつけ、パッチリとした目元に。二重部分と下まぶたのキワに、ゴールドのラメシャドーをプラスし、華やかさをプラス。アイラインは上のみ細く、まつ毛はマスカラでボリューム感をアップする。チークはローズ系を頬骨にそってほんのりと。可愛くなりすぎないよう、のせ過ぎには注意！　リップは艶のあるレッド系のせて、少し活発なイメージを演出する

Before

胸上まで長さのあるロングレイヤー。前髪はアゴラインまでの長さ

前髪は目にギリギリかからないぐらいの斜め分けにし、耳上でピン留めしている。ヘッドドレスとのバランスをとって、緩く曲線を描いた前髪に！

Right

Left

ブロッキングをしている分け目は、きっちり分けずジグザグにすることで、ルーズ感を出して今っぽく。左サイドの顔まわりの毛は、コテでカールをつけアクセントにする

Hair Process

1 バックを左右２つと両サイドを分け、全体を4つにブロッキングする。ブロッキングは分け目をきっちり分けず、ジグザクのランダムな分け目に。それぞれ編み込み、毛先は三つ編みにしてゴムで結ぶ。この時編み目がくっきりと出る、裏編みで編むのが、お洒落に仕上げるポイント。編んだ部分は、指で毛束を指で引っ張り出し、少し崩しておく

2 編んだ編み込みの毛先を、後ろでクロスさせてピンで留める。最初に少しワックスを馴染ませておくと、髪の毛が扱いやすくなる

1

2

Make up Point

人形の様な陶器肌を作るため、肌はセミマット系のファンデーションを使用。シャドーはアイホールにブラウンを入れ、二重部分にゴールドを重ねて、ヌーディな目元に。上ラインを太めにくっきり引いて、丸い目を演出し、目尻にはつけまつ毛をプラスする。チークはピンク系をふんわりと、頬骨の高い位置に丸く入れる。リップはオレンジレッド系をチョイス。上唇を少し小さめに描くとドーリィな雰囲気に仕上がる

裏編み込みで魅せる 可愛らしい貴婦人ヘア

レトロパーティー・ヴィクトリア

パーティーにお呼ばれしたときに使える、裏編み込みを使った、少しレトロな編み込みヘア。ヘッドドレスやトップハットに合わせやすく、ヴィクトリアンスタイルと好相性！ メイクはくっきりラインでドーリーに。

Model／百子
Hair & Make-up／
唐牛初美

レースプリントネックコルセット¥6,400、フラワーレースチロルコルセット¥27,000、パールネックレス no.369 ¥30,000、トリネックレス no.273 ¥36,000、toothed wheel brace ¥5,600、ロゴブレスレット¥6,200／以上 abilletage　ネックレス［GALUCKTONE］、リング［GALUCKTONE］、キャバレー指輪［Jouer avec moa? ］、Letter Ring Damage［chord］、リング トナカイ角［memini］、＃9 水晶リング［Lano］、＃11 リング［Lano］／以上 A STORY TOKYO　60's 総レースボリュームパニエ¥7,681、レース切替くるみボタン長袖ブラウス¥5,737、50's ネイビーベロア切替ヘッドドレス¥5,737、パールイヤリング¥3,792、お花ラインストーンつきブローチ¥4,764／以上 Fizz ルック店
SHOP LIST ● abilletage、A STORY TOKYO のお問い合わせ先は P135 をご覧ください。Fizz ルック店☎ 03-3318-6049

インダストリアル・ドレッド

映画「アイアン・スカイ」をイメージソースに、スチームパンクにインダストリアル＆アーミーの要素を取り入れたスタイル。ドレッドは身につけている洋服や小物を選ばず、色々なイメージに合わせられるメンズ最強のヘア！

ファイバーの毛束で作る！オールマイティなドレッドヘア

Model ／ Pierre Weird
Hair ／伊藤秀一
Make-up ／吉田美青

衣装協力／鈴木トーマス
ガジェット協力／淀川シオン

ファイバーの毛束はネット通販などでも購入可能。太さを変えたり、カラーを変えたりしながら、オリジナルのドレッドを作って、ヘアチェンジを楽しもう

Before

トップと前髪のみ残して、残りを全て刈り込んだ、モヒカン風のヘア

1

2

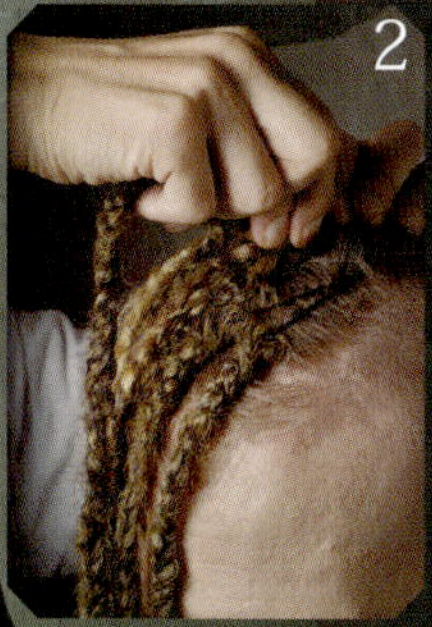

Hair Process

1 ファイバーの毛束を三つ編みして、ドレッドのエクステンションを作る。逆毛を立ててから編むとヘビーデューティーな雰囲気に編み上げる。色や質感を変えたドレッドをつけたい数だけ作っておく

2 トップの根元に逆毛を立ててボリュームを出し、スプレーでキープしておく。作ったドレッドをピンで好きな本数つける。根元に逆毛を立てておくことで、ピンが留まりやすくなる

Make up Point

ファンデーションはマット系でマットな肌質に（メンズの場合は、三善等の舞台メイク用を使うと肌色を合わせやすい）。アイホールにブラウンを入れ、キワが濃くなるようにブラックを重ねる。下まぶたは涙袋にブラウンを、キワにグレーを強めに入れる。チークは入れず、ノーズシャドーとTゾーンのハイライトでメリハリを出し、リップは肌色と同色のベージュで血色を抑える

DIFFERENCE ENGINE
ディファレンス エンジン

ヘアセットメニューもある スチームパンク界の有名サロン

今回のヘア＆メイクを提案してくれたサロンがココ。東京、水道橋駅から徒歩1分内という好立地にある人気サロンで、カットやカラー、パーマなどはもちろん、セットやメイクのメニューもあり、イベント等でキメたい時は、セットのみの予約も可能！　配管がむき出しのスチームパンクな店内には、有名スチームパンカー達のガジェットの展示やアクセサリーの販売もあり

SALON DATA
住所：東京都千代田区三崎町
2-20-7 水道橋西口会館 2F
TEL：03-3239-4554
営業時間：平日 11：00 ～ 21：00、
土・日・祝 10：00 ～ 20：00
定休日：毎週月曜日、火曜日
HP：http://www.de609.com/
（カット¥4,800 ～／カット＆カラー¥10,000 ～／カット＆パーマ¥11,000～／アップスタイルセット¥4,000／メイクアップ¥4,000 など）

第5章

スチームパンク カルチャーあれこれ

そもそもスチームパンクって何？　いつから始まった？
スチームパンクをもっと知るには、どんな本を読んだり、映画を観たらいい？
そんな疑問にズバリ回答！
スチームパンク界のマイスター達へのインタビュー付き！

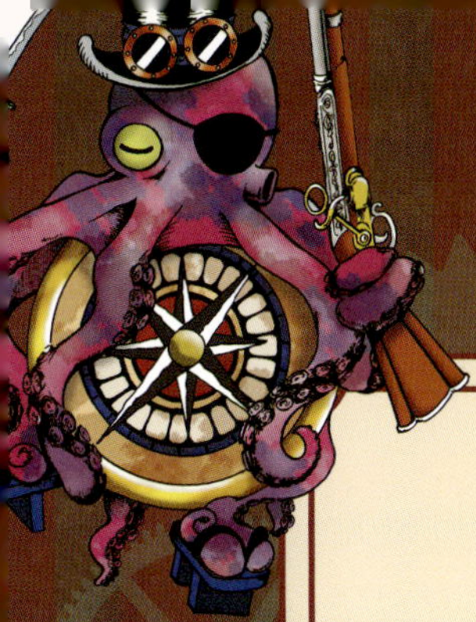
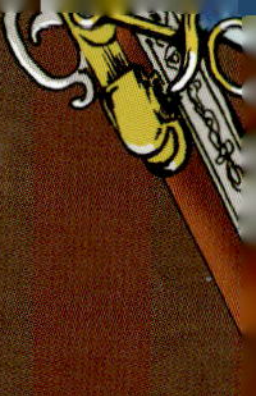

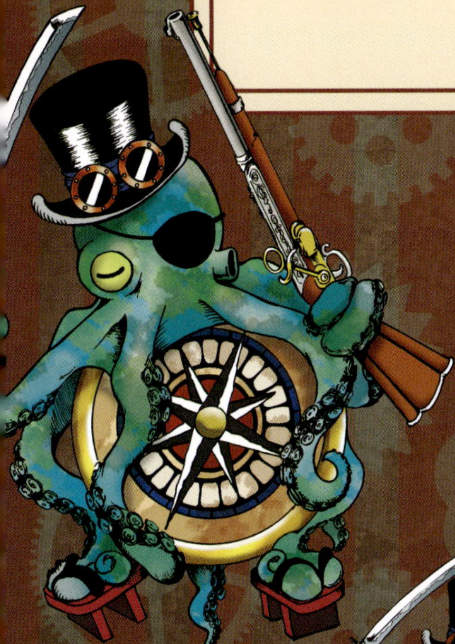
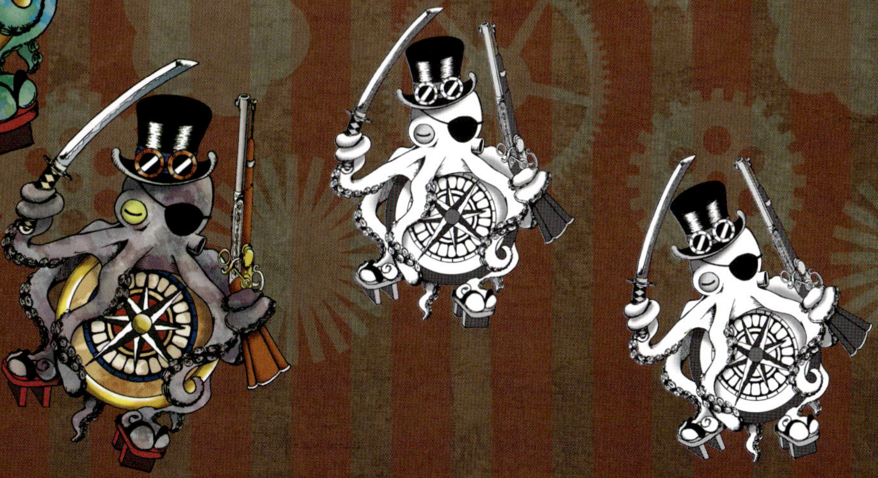

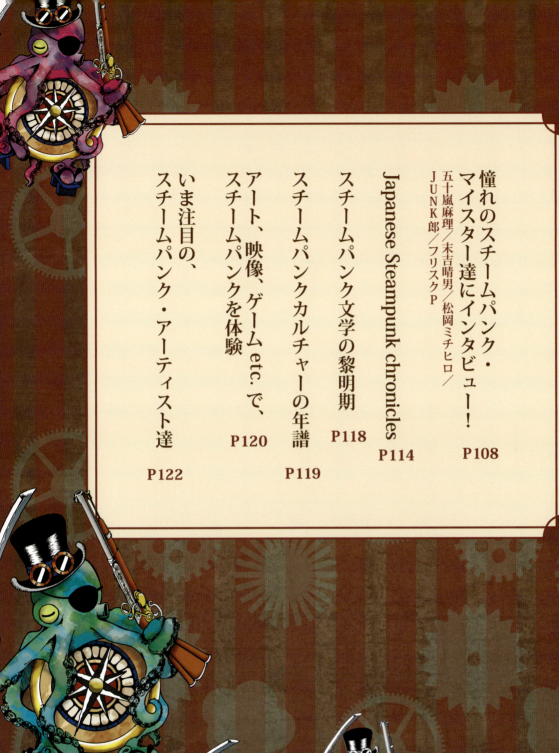

憧れのスチームパンク・マイスター達にインタビュー！

日本のスチームパンカー達が注目する、
スチームパンクの職人・アーティスト・趣味人達にインタビュー！

MARI IGARASHI

日本スチームパンクブームの先駆けの1人

ウェブサイト『スチームパンク大百科 S』
主宰&蒸気夫人（マダム・スチーム）

五十嵐麻理

自宅で「蒸気邸の女主人」として振る舞う五十嵐さん。「衣装は、グラナダ版ドラマ『シャーロック・ホームズの冒険』の扮装を女性用ドレスにアレンジしたもの。レディ・ホームズの冒険です」

自宅でメイドスタイルで家事をつとめる五十嵐さん。「好きな服を『家事専用の服』にすれば毎日の家事もやる気が出るのではないでしょうか」

「我が家の書斎です。ヴンダーカンマー（驚異の部屋）化を目指して、コツコツとモノ作りをしています」

「『シャーロック・ホームズの冒険』シリーズに登場する、アイリーン・アドラーをイメージして作った寝室です」

「父の形見の書斎机。スチームパンクモニターなど手作りのグッズに囲まれて仕事をします」

五十嵐さん関連の書籍

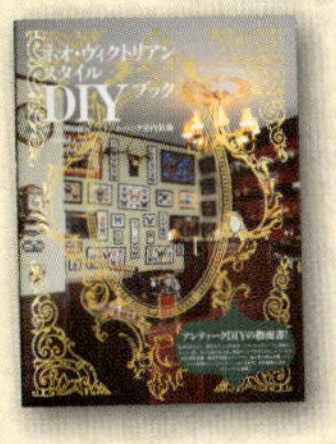

左：『ネオ・ヴィクトリアンスタイル DIY ブック』
五十嵐麻理著、グラフィック社刊、￥1,800
「シャーロック・ホームズ、スチームパンク、ネオ・ヴィクトリアンの３つのカテゴリの橋渡しになる本として書きました。基本的には工作のハウツー本ですが、本書がモノづくりだけでなく、読者の方にとって文学、歴史など幅広い分野の『知の冒険』に飛び出すきっかけになればと思っています」

右：『うさこの手作りスチームパンク＆クラシカルドレス』**五十嵐麻理企画原案、グラフィック社刊、￥1,800**
「あくまでもベーシックなデザインのスチームパンクウェア、クラシカルドレスにしました。読者の方に自分の個性を発揮して、オリジナルの洋服を生み出して欲しいと思ったからです。ネットにおける洋裁ハウツーの第一人者・うさこさんによって、初心者の方が基礎から洋裁を学べるようになっています」

Q 五十嵐さんにとってスチームパンクとは何ですか？

A 私にとってのスチームパンクは「日常」です。

Q いつからスチームパンクといわれる作品などを作るようになりましたか？

A 今から10年ほど前、唐沢商會（唐沢俊一氏・唐沢なをき氏）による『蒸気王』という漫画を読んで、歯車や木を使った工作を少しずつ作り始めました。当時は「スチームパンク」という言葉がまだ一般には知られていませんでしたし、自分もまたこの時初めて目にするワードでした。しかしジュール・ヴェルヌやH・G・ウェルズといった空想科学小説もスチームパンク作品に含めるのなら、スチームパンクにはまったきっかけは、少女時代に読んだ古典SFです。

Q 自作スチームパンク作品の中で、最もお気に入りは何ですか？

A スチームパンクモニターです。作ったものの中で最も大きく、また毎日使っているものなので愛着があります。

Q 今後作ってみたいものには何がありますか？

A 直近で作りたいものは、iPod&iPadホルダー、キーボードです。また、昔作ったものを、今の技術でリメイクしていきたいです。

Q 五十嵐さんのお宅自体がヴィクトリアンスタイルですが、ご家族はどのような反応ですか？

A 我が家では自分の部屋の建築費、リフォーム代は自分で負担しています。主人は自分のエリア、私は私のエリアの分を出しているので、お互い自由なインテリア、レイアウトにしています。双方で不満や反対はありません。

Q スチームパンク／ヴィクトリアン的な生活スタイルの中で、ご自分をどういうふうに位置づけて楽しんでいますか？

A 架空の設定として「蒸気邸の女主人」「スチームパンクガジェットを販売する『蒸気社』のオーナー」という想像をしています。今後も蒸気邸の改造、蒸気社の新作を作っていきたいです。

Q スチームパンク関係で、五十嵐さんに影響を与えた人はどなたですか？

A 海外のスチームパンカーです。とくにスチームパンクアーティストとして名高いdatamancer（データマンサー）ことRichard “Doc”Nagy（リチャード・ドク・ナギ）氏。若くして交通事故で亡くなったのが非常に惜しまれます。

Q スチームパンク／ヴィクトリアンなものを作るため、アイデアソースになる映画や本などがありましたら教えてください。

A 英国グラナダテレビのドラマ『シャーロック・ホームズの冒険』です。衣装、小道具、大道具など見る度に発見があります。

Q 生活そのものを五十嵐さんのようにスチームパンク／ヴィクトリアンにしたい方に、アドバイスをお願いします。

A いきなり大きなものを作るのではなく、簡単に作れる小物から始めましょう。コツコツ作り続けていると徐々に技術が上がって、思い通りのものを作れるようになりますよ。

PROFILE 五十嵐麻理（いがらしまり） 名古屋市出身。国内で最も有名なスチームパンカーの１人。自身が運営する『スチームパンク大百科S』も、スチームパンク系サイトとしてトップクラスの人気を誇っている。珍スポット愛好家としても有名。http://madamsteam.com/

HARUO SUEKICHI

国内スチームパンカーズ垂涎、最も人気の時計を生み出す！

『末吉晴男時計』デザイナー

末吉晴男

Q 時計を作り始めたのは、いつからですか？

A 時計屋さんに勤め始めた時で、20年くらい前です。その時から「変なものを作る奴だな」と言われてました。

Q 今のようなスタイルの時計になったのは、何がきっかけですか？

A 個人でフリーマーケットに時計を出した時、片腕しかないお客さんが現れて「自分1人では腕時計が付けられない」と言われたんです。それで彼が自分1人で付けられる腕時計を考案したのが、きっかけになっています。

Q アイデアはどこから生まれますか？

A ぼーっとしている時。酔っぱらって、周囲の人と話している時も。ただ酔っぱらっていると次の日には忘れているから、後で皆から教えてもらったりします。

Q 作品を作るのに、どれくらいの時間が掛かりますか？

A 同時に3本作り出して、4日間で仕上げるとかいった感じです。

Q 部品にするものはどこで入手しますか？

A 真鍮や、ネジの専門店です。既成のパーツは使いません。

Q 制作過程で最も楽しいのは、どこの段階ですか？

A 考えている時。いざ作る段階になると、面倒くさくなっていることも（笑）。

Q 今後どんなものを作っていきたいですか？

A 「箱楽器」と「空を飛べるもの」です！

『ポセイドンモドキ』

『双頭蟲』

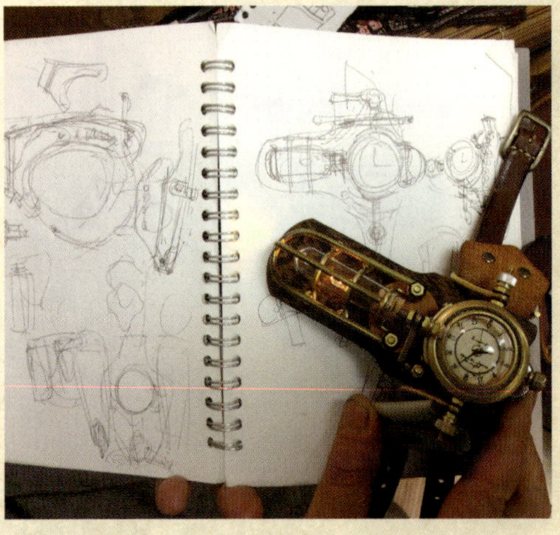

デザイン画の上に、現物を乗せて

PROFILE 末吉晴男（すえきちはるお） 青森県出身、東京都在住。日本のスチームパンカーの間では、最も人気の時計を作る、時計デザイナー＆職人。遊び心のある「ガジェット」と呼ぶにふさわしい時計も作っていて、熱心なファンが多い上、非常に数が限られているので、入手困難とされている。時折、時計以外の装置等も製作。★作品はスタジオトムスの店舗（P138）や、日本蒸奇博覧會（P126）などの展示即売会イベントで購入できる

MICHIHIRO MATSUOKA

クリスティーズ香港のオークションにも出品される、超一流の造形作家

造形作家・イラストレーター

松岡ミチヒロ

Q　いつ頃からスチームパンクといわれる作品を作るようになりましたか？

A　2007年頃に海外の方から「スチームパンクな作品だ」と言われるようになり、そのジャンルにくくられることが多くなったんです。まだ国内ではスチームパンクって言葉すらあまり聞かなかった頃だと思います。

Q　どのようにアイデアを得ていますか？

A　幼少期の記憶が基になっている場合が多いですね。その記憶を探り、今の自分から出力し、作品化していると思います。幼少期に思い描いた未来、言いかえればレトロフューチャー的な感じでしょうか。

Q　作品を作るのに、どのくらいの時間がかかりますか？

A　１週間～３カ月と、いろいろです。私の場合、いくつかの作品が同時進行する製作スタイルなのです。

Q　ひとつの造形作品を作るのに、イラストを描くなどして、発想をまとめますか？

A　立体作品を製作する前に簡単なスケッチは行ないますが、あくまでフォルムの検討のため。この段階では細部のディテールは書き込みません。フォルムの流れ、シルエット、ボリューム感などを固めていくための工程です。

Q　部品にするものはどこで入手しますか？

A　全てゼロから製作しています。パーツなどを寄せ集めてコラージュすることはしません。

Q　制作過程で最も楽しいのは、どの段階ですか？

A　イメージスケッチと、最終のペイントの段階です。頭の中で何を製作しようか？　どんな方向性で行こうか？　などと構想を練っている時はとても楽しいですね。構想を具体的な形として整理しつつ、スケッチをします。無から有が現れる瞬間がたまらないです。また製作の最中は、ペイントで仕上げるプランを立てつつ進めているので、フィックスのペイントパートがさらに楽しい工程なんです。

Q　今後どんなものを作っていきたいですか？

A　極端に小さな作品と、極端に大きな作品を製作してみたいですね。実際に乗ったり奏でたりできる作品などにも挑戦してみたいです。また、いろいろなジャンルの方々とコラボレーションするような作品なども！　実はコラボに関しては、現在進行中のプロジェクトがありますので楽しみにしていて下さい！

PROFILE　**松岡ミチヒロ（まつおかみちひろ）**　愛知県出身＆在住。石粉粘土をベースに形作り、アクリル絵の具で仕上げたオブジェがメイン。奇妙かつどこか愛らしい形の動物ものが多い。海外での評価も高く、2015年にはクリスティーズ香港のオークションでも出品された。イラストレーターとしても活躍している。★作品は、日本蒸奇博覧會（P126）などのイベントと、松岡ミチヒロHPから購入できる。http://michihiro-matsuoka.com

2015年開催
『日本蒸奇博覧會
in 大阪』
メインビジュアル

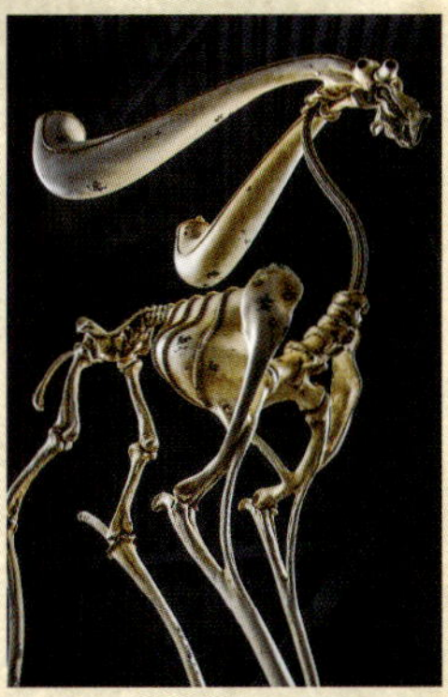

2014年作品『DVICE（ディバイス）』人の自我を食べ浄化し排気する鹿と、そのスケッチ

2012年作品『Whale type polluted air purification ship（鯨型汚染大気浄化船）』。汚染大気を口元の巨大フィルターから吸気、浄化し頭部プラント、煙突より排気する大型船をイメージ。サイズは630×300×180㎜

TV「たけしの誰でもピカソ アートバトル」7回出場、うち6回チャンピオンに！

ジャンク・アーティスト

JUNK郎

Q いつからスチームパンクといわれる作品を作るようになりましたか？

A 廃材を使って、作品を作り出すようになったのは、24年前『鉄男』という映画を観たことがきっかけです。すごい世界があるな、と感銘を受けました。実家がブルドーザーやシャベルカーの修理工場だから、工場から出る廃材で『鉄男』的な造形作品を作るようになりました。それから DESIGN FESTA とかクリエーターズマーケット（P127）とか、いろいろ出品していくうちに、Strange Artifact のマリイさん（P114）と出会って、「これスチームパンクの世界に近いですよね」って話になったんですね。

Q どうやってアイデアを得ていますか？

A 自分が作る作品は意外と、生活の中にあるものなんです。子供が生まれた時には、子供がテーマの作品を作ったし。結婚10周年記念の時は2人のオブジェを作ったし…。空想上のものを作るわけではないから、アイデアに困ることは特にないかも。

Q 大きな作品が多いですが、作品を作るのに、どのくらいの時間が掛かりますか？

A 半年から1年くらい。朝7時から夜7時まで工場で働いて、その後2時間製作に充てる等で、コツコツ作っています。

Q 部品にするものはどこで入手しますか？

A 自分の工場からです。廃材メタルアートなので…。

Q 製作過程で最も楽しいのはどの段階ですか？

A 製作の初め頃は、本当に苦しいことばかりなんです。「なんで始めちゃったんだろう」と思うこともしばしば。それから「もうちょっとの我慢、我慢」って自分を励ますようになって、やっと製作の後半で、やっと姿形がつかめてきた時に楽しくなります。

Q 今後どんなものを作っていきたいですか？

A より自分の人生に身近に感じられるもの、思い入れのあるものを対象に作っていきたいです。

PROFILE　JUNK郎（じゃんくろう）　愛知県出身＆在住。家族で経営する工場から出る廃材を使った、造形作品を手掛ける。TV「たけしの誰でもピカソ アートバトル」7回出場、うち6回チャンピオンに！　昼間は本職の職人、夜と休日はアーティスト活動の日々を送っている。
★作品は、日本蒸奇博覧會（P126）等のイベントと、JUNK郎HP http://junklaw.jp/index.html で見ることができる

2011 年作品
『ROSE AND BEAST』

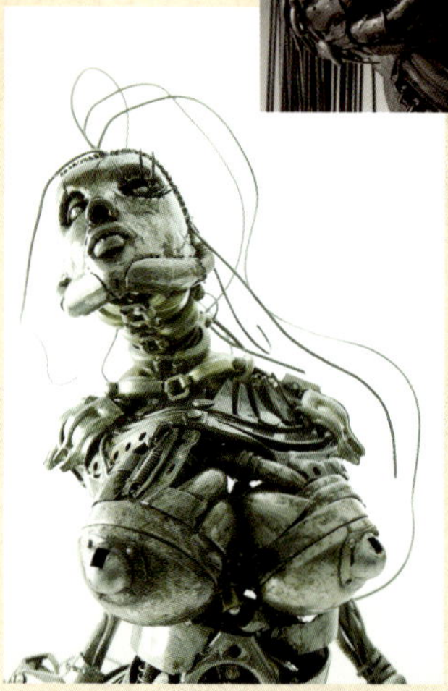

2011年作品『LADY』

2012年作品『KITSUNE-BI』

FRISK P

「ニコニコ動画」で、実動するガジェットを次々に発表！

趣味のスチームパンク造形作家
フリスクP

2015年作品『ポータブル真空管アンプ＆スピーカー』
「学研『大人の科学』の真空管アンプをベースに、取り外し可能なスピーカーを搭載し、スチームパンクなポータブルオーディオに仕上げました。乾電池駆動なのでピクニック等に持って行ってもお洒落です」

Q いつからスチームパンクといわれる作品を作るようになりましたか？

A 工作が好きで、作品をニコニコ動画に投稿していました。動画の説明に初めて「スチームパンク」と書いたのは、2010年９月に投稿した『プラズマ放電式アナログ時計』からです。

Q どうやってアイデアを得ていますか？

A 何となく。とにかく考える。

2014年作品『ヴィクトリアン蛍光表示管腕時計＆置き時計』
「真空管の１種である蛍光表示管（VFD）を数字部分に利用した時計です。腕時計にも置時計にもなるようデザインしました。腕につけた時の存在感は圧倒的です。表示部分は @hayasitaさんの VFD Shield を使用しました」

Q 作品を作るのに、どれくらいの時間が掛かりますか？

A 作品によって、まちまちです。会社員なので平日はなかなか時間が取れません。空いている土日を作業に充てたりで、何ヶ月も掛かります。

Q 部品にするものはどこで入手しますか？

A 100円ショップやホームセンターが多いです。本来の用途とは別の見方で材料を探すと、いろいろとおもしろい素材が見つかるものです。

2015年作品『スチームパンクガン・是生滅法』
「木製玩具のコルク銃にプラズマボールを仕込み、和風スチームパンクな光線銃にしました。電源も内蔵なので、この銃単体でプラズマ放電が可能です」

Q 製作過程で最も楽しいのは、どの段階ですか？

A 構想を練っている時間も楽しいですし、作っている時も楽しいです。でも、きれいに作った完成品を汚す、最後の工程が一番楽しいかもいません。

『Heartbeat Garter』
「装着者の心拍を外部表示する機能を持ったソックスガーターです。ドキドキしたりするとメーターの振れが速くなり、周囲の人にわかってしまいます。心拍センサーユニットは @akira_you さんの作品を流用させていただきました」

Q 今後どんなものを作っていきたいですか？

A 単なるオブジェではなく、基本的に作動するものを作っています。この姿勢は今後も続けていくつもりです。作りたいモノはたくさん頭の中にあります。ただ、作業時間があまり取れないので、出力が間に合わないのが悩みのタネです。

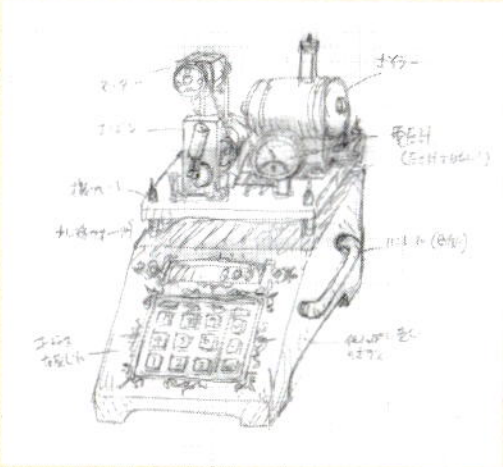

『蒸気駆動式電子演算器（本当に蒸気で動く計算機）の構想スケッチ』
「描く前に、頭の中でほぼ形になっていたので、完成品とあまり差がありません。完成品の動画と是非見比べてみて下さい。一つの作品を作る前にはイラストを描いたり、描かなかったりですが、描いてもこういう落書きレベルです」

PROFILE フリスクP（ふりすく ぴー） 普通の会社員。趣味でスチームパンク工作をしている。実際に動作をするガジェットが作品の特徴。製作物はニコニコ動画の『ニコニコ技術部』で公開することが多い
http://www.nicovideo.jp/mylist/7459883

Japanese Steampunk chronicles

Strange Artifactが語る、ニッポンのスチームパンク史

PROFILE
ストレンジアーティファクト：MaRy（マリイ・左）と130JET（イサヲジェット・右）によるスチームパンクユニット。2010年より音楽活動を開始。2012年に1stアルバム『The Antikythera Mechanism（アンティキシラメカニズム）』リリース後、アメリカ・ニュージャージー州にて開催されたスチームパンクコンベンション『Steampunk world's Fair 2012（スチームパンクワールドフェア）』へ日本人初ゲスト出演

日本におけるスチームパンク・ムーブメントのブレイク前夜、いち早くアーティストとしての活動を始めたユニットが『Strange Artifact』の２人。彼らは日本ならではのスチームパンク観を融合させた独自のスタイルを確立、音楽、造形アート、ファッションにおいてその才能を発揮し、海外のキーマンたちにも一目置かれる存在に。日本を代表するスチームパンカーの一翼の、貴重なインタビューを記録した。

2010年の結成当時は、その格好何ですか？と言われていました

現在はスチームパンクにまつわる様々なイベントをオーガナイズし、革の装備品ブランド『Poorman's GoldLabel』も手がける『Strange Artifact』の二人（以下ＳＡ）。もともとはボーカルユニットとしてスタートして、様々な表現を模索していたが、スチームパンクのスタイルでの活動を始めたのが、２０１０年頃のことだそう。

「スタイルの原点は、記憶も定かではないんですが、おそらく80年代後半の、小学校の低学年だった頃。近所の模型店に飾ってあったプラモデルが原風景です。当時こういったスチームパンク的なものがすでにあって、カッコいいなあ、と感じていたんです。さらにゲームの世界では、80年代後半から90年代にかけてスチームっぽい世界観のものがいくつも作られていましたし、映画は『天空の城ラピュタ』とかがあって。『マッドマックス』などもシリーズの最初から好きでしたね。その後、ネットで画像検索をしていて、〝こういうスタイルが復活している！〟って再発見して。それらの画像に、〝steampunk〟という言葉がついていたんです」（130JET）

『Strange Artifact』(SA)の二人が、2014年にゲスト出演したアメリカのコンベンション、『アノマリーコン』のプログラム。スチームパンク系のイベントでは、プログラムは古風な新聞の形で発行されることが多いそう

2013年、外国人向けに日本の情報を発信する『メトロポリス』誌では、SAが表紙を飾った。中ページではスチームパンクカルチャーの特集が組まれている

「SAは2010年に結成して、スチームパンク的な衣装でライブ活動を始めていたんですが、当時はステージでスチームパンク、って言っても皆がポカーンとしていました（笑）。デザインフェスタでライブをやったり、鹿鳴館、チェルシーホテルなどのライブハウスにも出てみたし、いろんなユニットを見ていましたが、同じようなスタイルの人たちはゼロ。それが2012年に、おそらく日本で初めてだと言われるんですが、代々木公園でスチームパンクのお花見をやってみようと思って…。Facebookや『メトロポリス』っていう日本在住外国人向けの雑誌で告知したところ、総勢50人が大集合！　ただし8割が外国人でしたが…。周りのお花見客も、何のコスプレですかとか（笑）、注目度はすごく高かったです」（MaRy）

「2012年は、『スチームパンク東方研究所』など、スチームパンクの関連本が出始めた頃。それまでは洋書の翻訳でしかなかった情報が、日本人向けにカスタマイズされ始めたんです。もともと洋書には、海外で評価の高い日本人アーティストの作品が載っていたりして、日本でブレイクする素地はあって。そういう作家さんたちは、90年代くらいから変わらず好きなスタイルの作品を作り続けていて、今になってそれがスチームパンクというジャンルにカテゴライズされるようになったようです」（130JET）

2012年、『スチームパンクワールドフェア』のゲストとして米国に招聘された時の、SAのステージ。MaRyさん自身が羊毛で作成したドレッドヘアに、着物をリメイクしたドレスで“ニッポン”を強調。新しいスチームパンクのスタイルは観客を魅了、サインを求められるシーンも

ブームはついにテレビ地上波へ。大きなムーブメントへ成長！

エポックメイキングだった2012年のお花見。その直後には、日本でも最大規模のイベントへと成長した東京発明者協会主催『Steam Garden』の第一回目が開催されていた。「書籍などの発刊の影響で、だんだん物を作る人も増えてきたんですね。本を参考にして作って、それをデザインフェスタで売る。それに伴ってデザインフェスタでもスチーム的な格好をする人が増えてきました。また2012年には、川崎ハロウィンのパレードにスチームパンクのスタイルで参加してみたんです。その時点では、スチームパンカーは誰もいなくて、楽しかったけど、寂しさもありつつ（笑）。それが2013年には、それっぽいアレンジをした人が20人くらいいましたね。2014年のハロウィンには参加できてないんですが、SNSで見る限りでは、スチームパンカーが大挙して参加していたみたい」（MaRy）

2012年、日本で初めてとも言われているスチームパンクのイベントを、お花見というかたちで開催。この時には、米国のパフォーマンス集団『リーグ・オブ・スチーム(P121)』のメンバーも参加していたり、一気に交友関係が広がったそう

2013年に初開催された、展示即売イベント『ARTiSM MARKET 01』。この中で、特別企画としてスチームパンク系の作家17組が集結した『第0回日本蒸奇博覧會』が開催された。そのときの模様が掲載されている『Alamode Magazine』vol.15の表紙には、そうそうたる作家陣の名が

「あとは2012年当時、スチームパンク座談会というお茶会を何回かやっていました。SNSで募って、全員がほぼ初対面。いろんな年齢、業種の人がいて、間口の広さを感じましたね。物を作ったけど披露する場がないっていう人たちの、アイディアの交換会という雰囲気です。そのお茶会に、NHKの『東京カワイイ★TV』の取材が入るという話になって。常連メンバーの一人が取材を受けるという形だったのですが、いよいよスチームパンクが地上波に出るというので、すごく盛り上がりましたね。このあたりから、本当に流れが変わってきた気がします。また、手作り、手探りの状態で始まったスチームパンクのムーブメントだけれど、自分では作れないという人もいるわけで……。日本でも服のブランドが出ないかな、と思っていたところ、2013年に『h.NAOTO STEAM』がスタートした。どこで何を買ったらいいかわからない、という人にも確実にこのテイストを届けられるのは、やはりスチームパンクが浸透して行く上で大事なことだと思うんです」(MaRy)

「2015年には、ついにディズニーシーのイベントでも、スチームパンク的なモチーフが登場。大人から子供にまで、知れ渡った感がありますね。

そもそも、このカルチャーは本当にいろんな人に訴求できる。体型、性別、美醜を超えたユニバーサル感がある。若い人よりも、成熟している人にこそ似合うものがあったり…」(130JET)

「誰もが持つ古い記憶に結びついているのかもしれないし、そういう部分の交歓も楽しかったりしますね。自分で抱え込んでいるものを広く共有できる。スチームパンクって〝ジャンル〟というよりは、人と人とを結びつけたり、記憶を再現したりする、ひとつのきっかけ＝キーワードなのではないのかな、と思うんです」(MaRy)

日本らしさをアピールすることで、海外で認められるユニットへ

さまざまなジャンルへと派生し、拡張し続けるスチームパンク。でも実は、スチームパンク系の音楽というのは少し定義づけが曖昧だと、SAの二人は語る。

「海外でのメインストリームとしては、アイリッシュ系、スウィング系をやっている人が多いですね。でも僕らSAがやる音楽は、それとはちょっと違うんです。海外では2010年以前から、日本のアニメやゲーム作品が〝スチームパンク的だ〟と言われて、いくつも紹介されていた。日本＝アニメ、という認識のスチームパンクなんです。だからアルバムを作る時にも、アニメのテーマ曲的なロックなものを作りました」(130JET)

「2012年、アメリカ・ニュージャージーの『スチームパンクワールドフェア』に、音楽のゲストで出演。スチームのイベントとしては、当時最大級でした。2014年には、デンバーの『アノマリーコン』に招聘してもらって。アメリカではそういったイベントでもゆかたや番傘を見かけたり、すでに和の要素がかなりありました。忍者もいたり、扇子をスチームパンク風にしていたり…。映画『ブレードランナー』にも番傘が登場しているせいでしょうか。アメリカ人の考えるスチーム観と和ものは、けっこう密接な関係があるし、和ならお洒落、みたいな感覚も強いですね」(MaRy)

アーティストさんの活躍の場を模索、日本蒸奇博覧會を開催

2013年、二人は初めての『日本蒸奇博覧會』を開催。これは、いろいろなアーティストを集めた展示即売会で、そのクオリティの高さで評判を集め、規模も拡大中。これからもスチームパンクカルチャーを広めるべく、邁進するという。

「自分たちがいろんなところに出展している中で、縁が縁を呼んで『日本蒸奇博覧會』が生まれた感じ。イベントをやろう、大きくしよう、というのではなくて、自然な流れで後押しされた」(MaRy)

「成熟していないカルチャーにはつきものなんですが、今のシーンはスチームパンクとは何か、という定義づけに熱心で、本質を見失っていることも多い。例えば『クーロンズゲート』っていうゲームがあるんだけれども、〝これはスチームパンクだ〟とか、〝いやアジアンゴシックだ〟とか、みんなどちらかに決めたがるんですよね。でも〝これは違う〟って決めてかかると、否定が否定を呼んで、つまらない方向にいってしまう。将来的にはそういうのがなくなればいいな、と思います。それよりも、「こういうところにスチームパンク

2009年の書籍『Make:』では、LOST KNOWLEDGEと題した特集が組まれ、スチームパンク的な電子工作ガジェットの、かなり実践的な作り方が紹介されている。「スチームパンク」という言葉も使われているが、まだそれほど頻度は高くない

G. D. Falksen **PROFILE**
作家、米国出身。『The Ouroboros Cycle』シリーズで知られている他、ディズニー社のコンサルタントを勤めた経験も。製作中のスチームパンクアニメーション『Hullabaloo』では共同脚本を担当。また、俳優、声優としても活躍。
www.gdfalksen.com

米国のスチームパンク作家 G. D. Falksen氏に、特別インタビュー！

Q. スチームパンクに関連して、どのような活動をしていますか？
A. スチームパンクの世界を描いた著作がいくつかありますし、歴史と文学の講義をすることもあります。他には19世紀の歴史とスチームパンクとの関わり合いについて、イベントなどでゲストとして講演をしています。

Q. いつからスチームパンクが好きになりましたか？
A. ずっと歴史に非常に興味を持っていて、作品も歴史にまつわるものがほとんど。スチームパンクは、私にとっては必然的なジャンルだったのです。現在のスチームパンクのリバイバルは、2000年～2005年ごろに形成され始めましたが、その頃にスチームパンクについて書いた記事が人々から受け入れられたようです。

Q. スチームパンクとは何だと思われますか？
A. シンプルに言えば、ヴィクトリア朝のSF（Victorian science fiction）です。この要約は、私が何年も前に考えついたものですが、一般的に使われるようになり、いまだに引用されています。現在私たちが甘受しているコンピューターや飛行機といった技術が、もっと19世紀的で複雑だったとしたら…と思い描くのが、スチームパンクの世界観でしょう。

Q. スチームパンクのどのようなところが好きですか？
A. 非常に創造的で想像性に富むジャンルであるところです。歴史と組み合わせたり、想像したり、冒険したり。人々を感動させるものを持っていると思います。

Q. スチームパンカーの人たちを、どのように思いますか？
A. スチームパンクのファンはすべて、才能と創造性にあふれています。信じられないようなイマジネーションを発揮する彼らを、本当に賞賛しています。

Q. スチームパンカーになるにはどうしたらよいでしょうか？
A. 初めに知っておくべきことは、スチームパンクというカルチャーは大変広く多様で、二つとして同じようなやり方はない、ということです。スタートは19世紀の工業化の時代ですが、それは当時、あっという間に世界中に広がりました。その時代に存在していた文明は全て、いかなる人も職業もルールも、スチームパンクの世界では重要な役割を担うわけです。何でもよいから、スチームパンクにまつわるものを見つけ、自分が好きなものから始めましょう。必要なのは、あなたのアイデアと創造性を、他のスチームパンクファンと共有して、素敵な時間を過ごす、ということだけなのです。

Q. 日本のスチームパンクファンに、メッセージをお願いします。
A. 日本の皆さん！ 読んで下さった全ての人に感謝しますし、大変光栄に思います。皆さんがイマジネーションを世界中のスチームパンカーと共有することで、素晴らしい時間を過ごせるようにと願っています。

クラウドファウンディングで製作決定！ スチームパンクのアニメ『Hullabaloo』

今や絶滅の危機に瀕している、手描きのアニメーション映画。この状況を救うべく、ディズニーでも活躍していたベテランのアニメーター、ジェームズ・ロペスなどが立ち上がり、特別チームを結成。スチームパンクをテーマにした作品製作を企画したところ、わずか35日で約70カ国からのサポートが集まり、目標金額の5.8倍、47万ドル以上が集まった。共同脚本のG.D.Falksenをはじめ、プロデューサーのEvelyn Krieteなど、スチームパンクカルチャーのキーパーソンが集結。
http://www.hullabaloo-movie.com/

を感じる」とか、「この作品のこの部分がスチームだ」とか、そういった楽しみ方をすることが面白いんじゃないでしょうか。そしてゆくゆくは〝スチームパンク〟という言葉自体の解釈を、もっと拡大していきたいですね。例えば〝ロック〟っていう言葉を聞いて、もともとの〝ロックンロール〟を想起する人は、今はほとんどいない。ロックって、もっと慣用句的に使われていますよね？ この感じがロックだね、とか、ロックな人、とか。もともとは音楽のジャンルだけを表していた言葉が、そこからは切り離されて、ファッションやカルチャー、行動、そういったもの全てを表現するキーワードになっている。〝スチームパンク〟っていう言葉も、そういったポテンシャルを持っていると思うんです」（130JET）

2014年、デンバーで開催された『アノマリーコン』にて。ここでもSAはゲストとして招待され、ライブステージを披露。二人のつけている革や真鍮の装備は彼らのオリジナルブランドのもので、こちらも高い評価を得ている

スチームパンク文学の黎明期

19世紀後半、まだ電気が実用化されておらず蒸気機関が興盛を極めていた時代に、未来のテクノロジーを想像して書かれた小説群が現れた。**ジュール・ヴェルヌ**は1865年『**月世界旅行**』や1869年『**海底二万里**』などの革新的な作品を発表し、1895年には**H・G・ウェルズ**が『**タイム・マシン**』を出版。いわゆるSF文学の礎とも言えるこれらの作品には、ガスライトのもとで書かれた奇想天外な世界観や、蒸気機関を動力とした精巧な装置の描写が登場しており、いまだにスチームパンカーたちの想像をかき立てている。

ヴェルヌとウェルズ、二人の巨匠のイメージを融合させ、視覚化した**ジョルジュ・メリエス**の映画『**月世界旅行**』（1902年）は、世界初のSF特撮映画とも言われている。トップハットやコート姿の博士たちが、火薬で飛んでゆく宇宙船に乗り込む姿は世界的な大ヒットとなり、1905年（明治38年）には、すでに日本でも公開されていた。

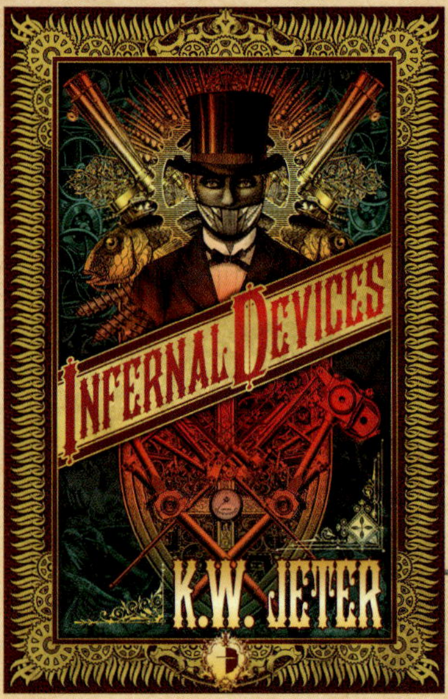

Infernal Devices by KW Jeter, cover by John Coulthart, courtesy Angry Robot Books.

K.W. ジーター1987年の作品で、まさしく彼によってスチームパンクという言葉が投げかけられたころの作品。日本でも早川書房により『悪魔の機械』として発売されている。2011年にアメリカで発売された新装版には、作者本人による解説も付け加えられている。

20世紀に入ってからは、現実世界でスチーム動力が衰退していったことや、目新しい電気動力の台頭なども手伝って、SF文学作品でもハイ・テクノロジーが取り入れられていった。ロボットやアンドロイド、宇宙人や旅行などの新概念がどんどん作品化され、消費されていったのだ。しかし19世紀的な蒸気機関のイメージやオートマトン、歴史改変、パラレルワールド、時代錯誤などのモチーフはその魅力を失うことなく、小説や映画の中で繰り返し登場。1954年には『海底二万哩』、1958年には『**悪魔の発明**』と、ジュール・ヴェルヌの作品が相次いで映画化。1960年にはH・G・ウェルズの『タイム・マシン』が映画化されるなど、スチーム的な世界観は、20世紀半ばには再評価の時を迎えていた。このころにはすでに、テクノロジーの進化の先に待っているのはユートピアである、という幻想は消え失せている。むしろ『タイム・マシン』でも描かれたようなディストピアへの危機感や、テクノロジーによる支配からの脱却、そして虚無感や古き良き時代へのノスタルジーがSF文学のテーマとなっていることが多い。このムードは、後のサイバーパンクやスチームパンクの、反社会＝パンクとしてのイメージにリンクしていく。

そして1968年、**フィリップ・K・ディック**により、のちのサイバーパンク映画の金字塔とも言える『**ブレードランナー**』の原作『**アンドロイドは電気羊の夢を見るか？**』※が書き下ろされる。そのフィリップ・K・ディックの薫陶を受け、ディック自身も後にその作品を絶賛していたというアメリカの作家、**K・W・ジーター**は1976年ころから、19世紀末ロンドンの蒸気機関的なモチーフに傾倒していったようだ。彼は19世紀英国の労働者階級を研究した本や、あらゆるヴィクトリア期のパルプ・フィクションをイメージソースとして、スチームパンク作品の原点とも言われる『**Morlock Night**』（1979年）を書き上げた。この作品の新装版では、同じくスチームパンク作家と呼ばれる**ティム・パワーズ**が、「ちょっと変わった紳士が、トップハットとケープ姿で、手の込んだ歯車やレバーが装備された厄介な装置や素敵な機械を持って霧のロンドンの夜を小走りで暗躍する…。そういう類いの映画や小説は、すべてこの作品からスタートした」と文を寄せている。

ジーターらが精力的に作品を発表し始めていたころ、**ウイリアム・ギブスン**が初長編『**ニューロマンサー**』※（1984年）を発表。サイバーパンクの旗手として名高いギブスンもジーターらと交流があったといい、彼の作品の中にも、19世紀的なギミックが見え隠れしている。続いてジーターが1987年に『**悪魔の機械**』※を書き、ジーターの盟友である**ジェイムズ・P・ブレイロック**の『**ホムンクルス**』※（1986年）と**ティム・パワーズ**の『**アヌビスの門**』※（1983年）の2作品は、共にフィリップ・K・ディック記念賞を受賞している。

〝スチームパンク〟という言葉自体は、1987年4月にジーターが寄稿した雑誌コラムに記されている。自分およびブレイロック、パワーズの3人の作品群を表すため、当時すでに大きなムーブメントだった、サイバーパンクをもじってつけたものだ。ティム・パワーズも、「ジーターはスチームパンクと言うワードを、19世紀的なテクノロジーを表すのにふさわしい言葉として冗談まじりで」提案したと書き記している。90年代に入るとギブスンとブルース・スターリングとの共著『**ディファレンス・エンジン**』※（1990年）が完成。スチームパンク関連文学は、徐々に映像作品や絵画、造形・ファッションまで包括した、一大カルチャーとしての地位を確立してゆくのである。

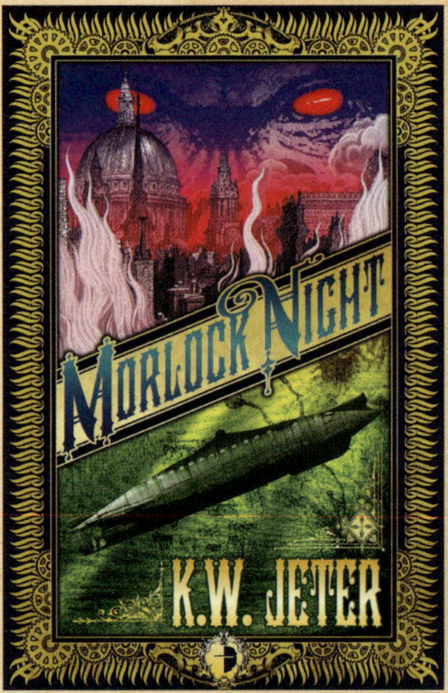

Morlock Night by KW Jeter, cover by John Coulthart, courtesy Angry Robot Books.

最初のスチームパンク文学とも言われている、K.W. ジーターの『Morlock Night』（1979年）。2011年に新装発売されたAngry Robot版には、ティム・パワーズによる序文も掲載され、スチームパンク黎明期の貴重な資料としてもおすすめ

※は全て早川書房の訳出による

Steampunk culture time line

―スチームパンクカルチャーの年譜―

日本での動き

1986年 アニメ映画『天空の城ラピュタ』公開
『ニューロマンサー』日本語訳が早川書房より発売

1989年 K・W・ジーター『悪魔の機械』※の日本語訳が発売

1991年 『ディファレンス・エンジン』※が訳出
日本発のテーブルトークRPG『ギア・アンティーク』が発売される

1992年 『ギア・アンティーク』のコミック版が発売。スチームパンクファンタジーと帯文には明記されていた

『LAST EXILE』はGONZOの作品。2003年に地上波で放映されたアニメーション

1994年 コミック 麻宮騎亜『快傑蒸気探偵団』月刊少年ジャンプにて掲載

1996年 セガサターン『サクラ大戦』発売
コミック『蒸気王』発売。唐沢商會作

2002年ごろ インターネットの掲示版にもスチームパンクという記述がみられる

2003年 アニメーション作品『LAST EXILE』テレビ放映開始
映画『リーグ・オブ・レジェンド/時空を超えた戦い』日本公開

2004年 大友克洋監督のアニメ映画『スチームボーイ』公開

2008年 五十嵐麻里運営のウェブサイト『スチームパンク大百科』スタート

2009年
4月 NHK教育『ITホワイトボックス』で、サイト『スチームパンク大百科』が紹介される
9月 NHK BSの番組『ニューヨークウェーブ』で、スチームパンクの特集を放映。認知度が少しずつ上がる

2010年 早川書房『SFマガジン』が、特集記事「スチームパンク・リローデッド」掲載

2012年
4月 Strange Artifactの呼びかけで、『スチームパンクのお花見』開催
東京発明者協会主催『Steam Garden I』が開催される

2013年 イベント『ARTiSM MARKET01』内の特別企画として『第0回日本蒸奇博覧會』開催

早川書房より発刊の『SFマガジン』2010年。日本における、スチームパンクブームの詳しい解説も

2014年8月『第1回日本蒸奇博覧會 in 大阪』が阪神梅田本店にて開催された。フライヤーには主催である『Strange Artifact』の二人が松岡ミチヒロ氏によって描かれている

海外での動き

1965年
米国のドラマ『The Wild Wild West!』が放映される（邦題は『0088/ワイルド・ウエスト』）

1987年
K・W・ジーター、ジェイムズ・P・ブレイロック、ティム・パワーズらによって、スチームパンクという言葉が誕生

1988年 スチームパンク的世界が登場する
テーブルトークRPG『Space : 1889』が米国で発売

'94年の『快傑蒸気探偵団』はスチーム動力の世界がテーマの冒険漫画

1999年
米国のコミック『The League of Extraordinary Gentlemen』出版。スチームパンクのリバイバルの火付け役になったとも言われる

2000年ごろ
スチームパンクカルチャーのリバイバルが始まる

2003年 ジュール・ヴェルヌの作品からインスパイアされたスチームパンクのバンド『Vernian Process』活動開始

2005年 初のスチームパンク・クラブイベント『Malediction Society』が開催される

2006年 スチームパンクの初のコンベンション『サロンコン』が米国・ニュージャージーで開催。スチームのファッションにも焦点が当たり始める

2006年ごろ 米国のイベント『バーニングマン』で、スチームパンク風の作品が散見される

2008年 英国のアーティストによって、ロンドンとNYを接続する海底望遠鏡『テレクトロスコープ』が設置される

2008年ごろ 『NYタイムス』や『MTV』で特集が組まれる

2009年ごろ～
海外で出版されたスチームパンク関連の本で、日本の造形作家が紹介される

2010年ごろ～
世界各地で、スチームパンクをテーマとしたコンベンション開催

2013年 IBM社が、SNSから抽出したマーケットのトレンド予測として、"スチームパンク"をピックアップ。驚異的な浸透ぶりだとリリース

アメリカにおける、スチームパンク・ファッションの流れ

「スチームパンクがリバイバルした2000年の前半は、ファッション面ではまだ未成熟な状態。ベースになっているイメージは19世紀ロンドンなので、2006年ごろは単にヴィクトリアンスタイルをしていただけの人も多かった。それが2008年には、ハーネスをつけている人が一気に増えたり、メカっぽくなったり、すごく変化しました。その当時アメリカではゴスやサイバーのムーブメントが下火になっていたので、その人たちがスチームパンクのカルチャーに流入したため、と言われています。ゴス系はコルセット、サイバー系はゴーグル、フェティッシュ系はハーネスを持ち込んで、革と真鍮で仕上げた、みたいなところがあった。また最近のアメリカでは、自国らしさを検証し直す原点回帰が始まっていて、ウエスタンをスチームパンクにカスタムする人が多いんです。こういった人が集まる『ワイルドワイルドウエストコン』というコンベンションが、今一番熱量のあるイベントだし、人気のパフォーマンス集団『リーグ・オブ・スチーム』もこの流れ。日本人が着物で和スチームを表現するように、彼らも自分たちのアイデンティティを取り戻して再構築しているんですね」（『Strange Artifact』130JET）

協力／Evelyn Kriete、Strange Artifact
※は全て早川書房より発売

で、スチームパンクを体験

Gallery

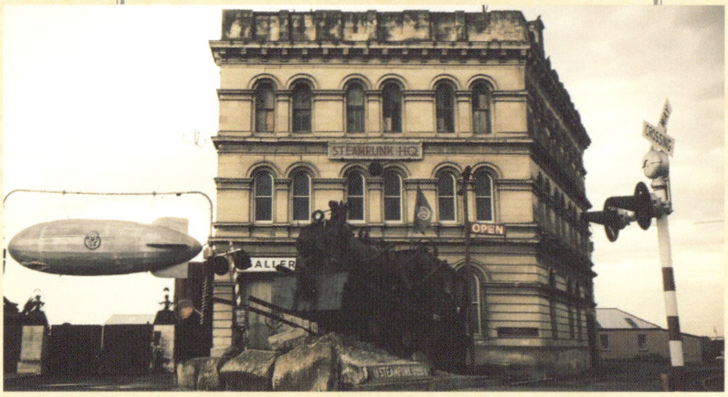

Steampunk HQ

ニュージーランド・オアマルには、なんとスチームパンクをテーマにしたギャラリー＆ミュージアムが！ 本物の歴史的建造物を活用していて、観光スポットとしても人気を博している。http://steampunkoamaru.co.nz/

Game

大逆転裁判 ―成歩堂龍ノ介の冒険―

2015年にカプコンより発売。19世紀末の日本と倫敦が舞台の大法廷バトルアドベンチャーゲーム。メインキャラクターの一人であるアイリス・ワトソンは、作中で様々な発明をしており、その発明品は主人公達を事件の真相に導くアイテムとして活躍する。
http://www.capcom.co.jp/dai-gyakuten/

好評発売中 ¥5,800
対応ハード：ニンテンドー 3DS

Machinarium

チェコ共和国のAmanita Designは、高品質なゲームを次々にリリースすることで話題。中でも数々の受賞歴を持つ『Machinarium』は、スチームパンクなヴィジュアルとキュートなストーリーで、プレイの価値あり。PC、モバイルなどプラットフォームも多様。http://machinarium.net/

STEAMPUNKER

STEAMVILLE

ポーランドの独立系ゲーム会社、Telehorseのスマートフォン専用ゲームは、その名も『STEAMPUNKER』と『STEAMVILLE』。どのシーンも素晴らしいスチームパンク風のアートワークで、世界中のゲームショーで高い評価を得ている。
http://telehorse.pl/

見たい&楽しみたい…。

アート、映像、ゲームetc.

Animation

ラストエグザイル
ー銀翼のファムー

『LAST EXILE』の続編として、2011年に放送された作品。壮大なストーリーには根強いファンが多く、上映会などのイベントが開催されることもある。http://www.lastexile-fam.com

マッドマックス
怒りのデス・ロード

最近では、カスタムカー系のスチームパンカーも増加中。そんな人たちにも大人気の『マッドマックス』シリーズ４作目は、スチームパンク度もマックス。これを機に、過去の３作品も見直してみて。

ブルーレイ& DVD リリース中／
デジタルレンタル配信中
【初回限定生産】ブルーレイ& DVD セット
（2 枚組／デジタルコピー付）¥3,990
デジタルセル先行配信中
ワーナー・ブラザース・ホームエンターテイメント

Movie

ワイルド・ワイルド・ウエスト

米国のテレビシリーズを映画化した、1999年の作品。兵器「タランチュラ」など、スチームなガジェットも多数登場！ 近頃ブームになっている、ウエスタンテイストのスチームパンクともリンクする作品。

ブルーレイ¥2,381、DVD ¥1,429
ワーナー・ブラザース・ホームエンターテイメント

Website

THE LEAGUE OF S·T·E·A·M

『Strange Artifact』との親交もある、アメリカのパフォーマーグループ『リーグ・オブ・スチーム』。彼らを主人公とした冒険活劇のストーリーが、ウェブサイトで展開。http://leagueofsteam.com/

photo／Lex Machina

快傑蒸気探偵団

麻宮騎亜作、1994 年という日本ではかなり早い時期に、メジャー漫画誌に掲載。蒸気を動力とした世界観をはっきりと描いたことで、金字塔的位置づけに。アニメ化されたり、『真・快傑蒸気探偵団』として後日談が描かれるなど、根強い人気。

Comic

アトランティド

『少年サンデー S』にて連載し、第一章が完結。山地ひでのりの圧倒的な画力と、独特のスチームパンクな世界観は必読！ 物語の舞台が19 世紀ロンドンなのもポイント。

アーティスト達

shichigoro-shingo

http://shichigoro.com/

PROFILE shichigoro-shingo (Matsunuma Shingo)：
イラストレーター。Photoshop 等を使用したイラストを製作。2010年頃からインターネット上で作品を公開し、フリーで活動を開始。多摩美術大学美術学部絵画学科油画専攻卒業。2015年には学校法人モード学園のTVCM・広告イラストを担当するなど、今注目のアーティスト。VILLAGE VANGUARD オンラインストアにてアートブック「GURUGURU#2」販売中。

森谷勇介

http://yusukemoriya.web.fc2.com/

PROFILE
Moriya Yusuke :
立体造形クリエイターとして活動。作家活動と平行し、TV番組小道具の制作や、アーティストから依頼を受けてのグッズなどの制作も行う。扱う素材は主に樹脂や粘土で、さらに木・金属・プラスチックなど様々な素材を組み合わせたミクストメディア作品を発表している。スチームパンク調の作品は、動物の骨格と機械をミックスした“標本”をイメージしているシリーズ。一点モノの“アート作品”としてだけでなく、商品・グッズ等にも展開できるような制作の形を目指している。

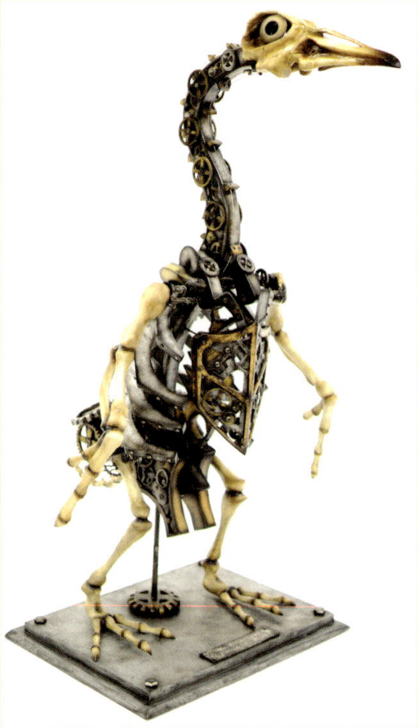

左：「electric sheep」
中：「Aptenodytes forsteri」
右：「Golden dolphin」

いま注目の、スチームパンク・

山地ひでのり

http://battacomic.blog113.fc2.com/

PROFILE
Yamaji Hidenori：
第67回小学館新人コミック大賞で、大賞を受賞。小学館の月刊誌『少年サンデーS』にて『アトランティド』を連載。単行本化もされている注目の作品！ 右のカラーイラストは、単行本3巻の表紙のために書き下ろした作品。

塚原重義

http://iyasakado.com/

PROFILE
Tsukahara Shigeyoshi：
アニメーション作家。『弥栄堂』主宰。東京に生まれ、会社勤務等を経て現在はフリーランスとして活動。2013年からは『SEKAI NO OWARI』ライブ用アニメーションを継続的に手がけている。その他に、浅草花やしきハロウヰン妖夜祭のヴィジュアルなども担当。代表作は、自ら製作・原作・脚本・監督を担当したアニメーション作品『端ノ向フ』で、ウェブサイトにて閲覧可能。本書のカバー及びP6～8でも書き下ろしイラストを寄稿。

第6章

いざ時間飛行の旅へ！
国内外イベント案内

装備が整ったら。あるいは装備を実際目にしたくなったら。
迷わず同志に会いに行こう！
スチームパンカー達が多数現れる、国内外のイベントを紹介！

スチームパンクイベントに行ってみよう！

スチームパンクイベントに行ってみよう！

ジャパン編

スチームパンカーの友達を見つけるために。
スチームパンクの情報をゲットするために。グッズを購入するために。
展示即売会や集会などの国内イベントに出掛けてみよう！

2015 OSAKA SNAP

2015年に阪神梅田本店で開催された「第二回　日本蒸奇博覧會」に集まったスチームパンカーさん達をシューティング！

撮影協力／日本蒸奇博覧會実行委員会、阪神梅田本店

ファッション・テーマ／スチームレディ

ひめちゃん
ブラウス、コルセットは自作、パンツはリメイク

ファッション・テーマ／木のスチームパンク

Ari's Factory（『Ari's Factory』デザイナー）
屋号入り作業着に、Aris Factoryの木でできたゴーグル、腕時計、ネクタイを装着

ファッション・テーマ／異世界×スチパン

しめ鯖
トップスは『h.NAOTO』、ボトムは『しまむら』で。革マスクは自作

sey-yan
ベルトポシェットは『KARZWORKS』

●スチームパンク初心者の館

2015年からスタートした、スチームパンカー達の交流を深める集会で、Natsukoさん（P19）、『Restaurant BAHAMUT』のオーナー・エスタさん主宰。京都、『Restaurant BAHAMUT』が会場。
Twitter　@Kyoto_Steampunk

●日本蒸奇博覧會

2013年『ARTiSM MARKET 01』特別企画よりスタートした、スチームパンク商品や作品が一気に購入できる展示即売イベント。有名な作家さんにも会える。2014～2015年は大阪・阪神うめだ本店にて大盛況を収め、2016年には名古屋進出予定。スチームパンクユニット『Strange Artifact』主宰。http://www.japan-steampunk.com

スチームパンク専門イベント

● STEAM GARDEN

日本で一番大きなスチームパンクがテーマのパーティで、DJタイム、ダンサー、サーカス、ライブ、マジックの他、スチームパンク関連商品の即売会や、シーシャ体験コーナーなども。2012年から東京とその周辺で年に3回開催されている。日本のスチームパンク人口はこのイベントがあってこそ、一気に増加したと言えるかも。日本人アーティストのKenny氏&イギリス人のLuke氏を中心とした「東京発明者協会」がオーガナイズ。
http://www.tokyosteampunk.com

左：Damico（『DAMYS』デザイナー）
アクセサリーは全て『DAMYS』

右：Damien（『DAMYS』デザイナー）
アクセサリーは全て『DAMYS』

ブラックオクトパスレディ白堕虚
服はカスタム、アクセサリーは『GEAD』、『DAMYS』、『GALUCKTONE』、靴は『hades』

ファッションテーマ／人造天使

ランアノキリコ
髪飾り、マスク、背中の羽、ニーハイ、ガーターは自作。時計は『末吉晴男時計』

ファッション・テーマ／良い子に優しいペストマスク

すずくれ（『Clockwork Box』店主）
マスク、イヤーカフは自分のブランド『Clockwork Box』のもの

ファッションテーマ／軍人

虹
マスクはサバイバルゲーム系ショップで。ベルトは自転車のチェーン。銃は『コレルリア』

ファッション・テーマ／MAD MAX

ジゼル
服は友人のレオ作。『コレルリア』の銃以外、装備は自作

● ARTiSM MARKET

2010年からスタートした、アンダーグラウンド系作家が多く参加する展示即売会。国内の展示即売専門イベントではどこよりも早く、スチームパンク系作家が出展していただけあって、内容は濃い。1年に2回程開催。http://www.artism.jp/

● DESIGN FESTA

1年に2回、東京で開催されている、クリエイター達の作品&商品の展示即売会。スチームパンク系ブランドも数多く出店。会場が広いので、事前に展示者名などを調べて行くのがベター。通称「デザフェス」。
http://designfesta.com

●烏鷺々々亭《うろうろてい》イベント

「侘助」氏（P27）による、趣味のスチームパンクHP「烏鷺々々亭」の交流会的イベント。2014年から写真撮影会を不定期に行なっているが、2015年にはスチームパンカーズのためのお茶会「カフェ虚無鎖」も開催。
http://urouro.jp

スチームパンク作家の出展があるイベント

●クリエーターズマーケット

年2回名古屋で行われる展示即売会。2015年冬の開催では特設のスチームパンクエリアが登場。http://creatorsmarket.com

ファッション・テーマ／GEAD cityのナビゲーター

ファッション・テーマ／GEAD cityのナビゲーター

左：『GEAD』Navigator Keiko
服は全て古着、アクセは『GEAD』、靴は『hades』

右：『GEAD』Navigator 佳
革物は『FEDS』で、アクセは『GEAD』

ファッション・テーマ／ゴスmixスチームパンク

Mai Aimheart
（『Mai Aimheart』デザイナー）
コルセットは『Corset Story』、ゴーグル、電球つきチョーカーは『Mai Aimheart』

ファッション・テーマ／冒険家

リサ
『sheglit』のブラウスに、『h.NAOTO』のハイウエストスカートを合わせて。月と土星のチャームは手作り、三日月の腕時計は『A STORY TOKYO』で購入

ファッション・テーマ／クトゥルフ的女盗賊

crossK
本革コルセットとフェイクレザーオーバースカートは自作。ハーネスはノーブランド

ファッション・テーマ／冒険へ！

ファッション・テーマ／初心者スチームパンク

左：志染あやか
ギアを付けたヘアアクセは手作り（P45）

右：ひろ
古着店で見つけた服をコーデして昭和レトロに。左耳のチェーンつきイヤリングは自作

ファッション・テーマ／初めてのスチームパンク

瑞穂
トップスは『h.NAOTO STEAM』、ハーネス、バッグは『RE STYLE』、靴は『YOSUKE U・S・A』

ファッション・テーマ／スチームパンク鉱石採掘者

メルメルハババ
服は『GRACE CONTINENTAL』、タイツは『abilletage』。ゴーグルはKARZWORKS』、仮面と腕の装備は自作

ファッション・テーマ／淑女のシンプルなスチームパンク

ニシュカ
『Millefleurs』のコルセットに、自作のスカートを合わせて。ゴーグルは旧ソ連製、ネックレスは自作

ファッション・テーマ／末吉かわいめスチームパンク

カオリラ
ワンピースはInnocent World、左腕の時計、銃は末吉晴男時計』

ファッション・テーマ／マスク！

テンプル
服は古着など、マスクは『Tom Banwell』

ファッション・テーマ／always

左：Guiggles
（『淑女雑貨 TOE COCOTTE』スタッフ）
『RE STYLE』のコルセットをONして、ゴシックベースのスチームパンクスタイルに

右：Rose de Reficul
（『淑女雑貨 TOE COCOTTE』スタッフ）
フランス製古着にPay des feesのコルセットを合わせ、『Strange Artifact』のアーマーリングをON

ファッション・テーマ／steeldrops

ファッション・テーマ／改造ギター

左：三輪一樹
（『特撮ギター研究所』&『steel drops』デザイナー）
ペンダントは『steeldrops』

右：福田翼
ギターは『特撮ギター研究所』

ファッション・テーマ／大正時代の新聞記者

ありゅう（『大正蒸瀛奇巧』デザイナー）
ゴーグル、指輪などアクセサリーは『大正蒸瀛奇巧』

2015 TOKYO SNAP

2015年に開催された「烏鷺々々亭スチームパンク喫茶　Cafe 虚無鎖」スナップ！

DJ コービー伝説
シャツ、ベストはノーブランド、カーゴパンツは古着店で

ファッション・テーマ／スチームパンク

百合 -yuri-
ブラウス、スカートは『axes femme』、ビスチエは『Ank Rouge』で

ファッション・テーマ／クラシカル・スチームパンク

Shisen　飛行帽は『Strange Artifact』

ファッション・テーマ／冒険家

シトウシンヤ
シナモンスティックを使ったネックレスは手作り、袴は古着

ファッション・テーマ／和洋折衷

Roki
服は『ZARA』で、胸元のギアアクセは『DAMYS』

ファッション・テーマ／紳士（軽装）

リョウスケ
シャツは『HALB』、パンツは『goa』

ファッション・テーマ／ちょっとスチーム感

えひめ
上着にしたのは、ヴィンテージの子供用着物。ランタンは自作

ファッション・テーマ／明治50年くらいの男子書生

Amy
ガウンとコルセットは手作り、スカートは『OZZ ONESTE』で

ファッション・テーマ／パイレーツ

ファッション・テーマ／作業服

マイケル・カーター
（RUSTY PUPPET メンバー）
装備品は全て手作り

ファッション・テーマ／仕事しやすい服

バレット＝ B＝ トリガー
（RUSTY PUPPET メンバー）
装備品は全て手作り

ファッション・テーマ／チャイナ・スチームパンク

すうちぇ
銃は知り合いから借りた、『末吉晴男＆handmano』の『谺（こだま）銃』

ファッション・テーマ／動きやすい服

サヴァ（RUSTY PUPPET メンバー）
装備品は全て手作り

ファッション・テーマ／闇医者

B.D（RUSTY PUPPET メンバー）
装備品は全て手作り

ファッション・テーマ／星座職人見習い

Kusaji Ao
帽子や小物は手作り、コルセットは英国製、その他はほとんど古着

淀川シオン
装備品は手作り、自転車も自分でカスタマイズ

ファッション・テーマ／整備工

ファッション・テーマ／ふだんは学徒志士なのに、まじない女にされてしまった女スパイ

凪橋晶
ゴーグル、ネクタイ、バッグ、スカートは『h.NAOTO STEAM』、ブックホルダーは末吉晴男さんの商品を改造

スチームパンクイベントに行ってみよう！

西欧編

日本よりスチームパンクシーンが先に盛り上がった
ヨーロッパでは、どんなスチームパンカーが集まるのかな？
彼らが集まるイベントを覗き見してみよう！

スチームパンクを茶色だけで終わらせない！　ピンクや花柄を合わせた超上級者コーデ（FaRK）

Wave Gotik Treffen/ Fantasie und Rollenspiel konvent

2015年にドイツで開催の『Wave Gotik Treffen（以下WGT）』、『Fantasie und Rollenspiel konvent』（以下FaRK）に現れたスチームパンカー達をシューティング！

ミリタリースタイルにレトロな薔薇柄シャツを合わせて、外してキメた男子。対する女子はうっすら巨大タコ柄が見える傘で、スチーム度全開に（FaRK）

本書の特派員として、この2つのイベントの撮影をしてくれたドイツ人のジーナ

ヴィクトリアンとオリエンタルのミックス（WGT）

ブラウンでまとめて、黒のベルトをプラス★　ビギナーはここから！（WGT）

スチームパンク専門イベント

アメリカ

● THE STEAMPUNK WORLD'S FAIR
http://2016.steampunkworldsfair.com

● STEAMPOSIUM SEATTLE
http://seattle-steamposium.com

イギリス

● THE ASYLUM
www.asylumsteampunk.co.uk

ニュージーランド

● Steampunk NZ Festival
http://www.steampunknz.co.nz/

右の３人は装備はブラウンベースでまとめて、ヘアカラーはボルドーに。ブラウンとボルドーはお互いの色を引き立たせる組み合わせカラー（WGT）

19〜20 世紀初頭スタイルの帽子＆コルセットがあればスチームパンクは完璧になれる！（FaRK）

ゴーグル、飛行帽、羽つきジェットパック。タイムトラベル装備が整った、基本のスチームパンクスタイル（FaRK）

クラシカルなブラックのシャツ、グレーのパンツを着用した上に、スチーム装備は全てブラウンで引き締める（FaRK）

スカートのフロントは短く、脚の装備を自慢見せ。バックはバッスルタイプで 19 世紀風に！（WGT）

メカボディにメカアームを付けて、自作ガジェットを全面押し出し。彼女は花もチーフをつけたメカアームでちょっと可愛く（FaRK）

紺×茶色で、シックお洒落なパイレーツスチーム！　（WGT）

スチームパンク専門ではないけれど、
スチームパンカーが多く集まるイベント

ドイツ

- Wave Gotik Treffen

http://www.wave-gotik-treffen.de

- Fantasie und Rollenspiel konvent

http://fark-messe.de

アメリカ

- BURNING MAN

http://burningman.org

- Comic-Con International:San Diego

http://www.comic-con.org

appendix 1

40 BRAND & SHOP GUIDE

装備や洋服のショッピングは、こちらのブランド&ショップで！
スチームパンク専門のところもあれば、シーズンにより
スチームパンカーが使えるアイテムを発売するところも★
いつも目を光らせて、お気に入りを GET！

※掲載されている情報は、2015 年 10 月現在のものです
価格は本体価格です。商品は完売の可能性があります

ALICE and the PIRATES《ありす あんど ざ ぱいれーつ》

少女アリスが海賊の世界に迷い込んでしまったら…をテーマにした、ダークさとワイルドさ、気高さを兼ね備えた装飾性の高いアイテムに特徴があるブランド。スチームパンクがテーマの展開をする時も。メンズラインもあり、ロリータ界のトップブランド『BABY,THE STARS SHINE BRIGHT』のお姉さん的存在のブランドでもある。

http://www.babyssb.co.jp/

ネット通販：あり

トランプレースのミニセーラーブラウス¥12,800、エルドラドビスチェ¥16,800、アリスと機械仕掛けのワンダータイムトラベル柄ジャンパースカートI ¥24,800

直営店

- BABY,THE STARS SHINE BRIGHT 札幌店（北海道）☎ 011-222-2435
- ALICE and the PIRATES 仙台店（宮城）☎ 022-264-8053
- BABY,THE STARS SHINE BRIGHT ／ ALICE and the PIRATES 新潟店（新潟）☎ 025-378-0642
- BABY,THE STARS SHINE BRIGHT／ALICE and the PIRATES 長野店（長野）☎ 026-225-7078
- BABY,THE STARS SHINE BRIGHT／ALICE and the PIRATES 金沢店（石川）☎ 076-263-2439（BABY）☎ 076-255-1809（AP）
- ALICE and the PIRATES 新宿店（東京）☎ 03-3358-9581
- ALICE and the PIRATES 原宿店（東京）☎ 03-3401-7009
- BABY,THE STARS SHINE BRIGHT／ALICE and the PIRATES 千葉店（千葉）☎ 043-225-0892
- ALICE and the PIRATES 横浜店（神奈川）☎ 045-320-5138
- ALICE and the PIRATES 名古屋店（愛知）☎ 052-241-0622
- BABY,THE STARS SHINE BRIGHT／ALICE and the PIRATES 京都店（京都）☎ 075-708-2952
- BABY,THE STARS SHINE BRIGHT 大阪店（大阪）☎ 06-6211-1991
- BABY,THE STARS SHINE BRIGHT 梅田店（大阪）☎ 06-6450-8546
- BABY,THE STARS SHINE BRIGHT／ALICE and the PIRATES 三宮店（兵庫）☎ 078-393-8332
- BABY,THE STARS SHINE BRIGHT 広島店（広島）☎ 050-8881-7498
- BABY,THE STARS SHINE BRIGHT／ALICE and the PIRATES 松山店（愛媛）☎ 089-933-6685
- BABY,THE STARS SHINE BRIGHT／ALICE and the PIRATES 福岡店（福岡）☎ 092-738-5748

A STORY TOKYO《あ すとーりー とーきょー》

ショップオリジナルブランド『Gothic Laboratory』のアンティーク風時計の他、『GALUCKTONE』や『Tomoko Tokuda』のスチームパンクアクセ、『mantam』の造形作品など扱う。スチームパンク関連の作家時計やアクセサリーを実際目でみて購入したい人には、絶対オススメの店。

『mantam』ペストマスク¥83,333

http://heavenscafe.net/

ネット通販：あり

直営店

- A STORY TOKYO 新宿新南口（東京）☎ 03-5357-7529
- A STORY TOKYO 新宿東口（東京）☎ 03-6457-7073
- A STORY TOKYO SHIBUYA STORE（東京）☎ 03-6884-4957

ATELIER PIERROT《あとりえ ぴえろ》

ヴィクトリア時代他の様式が楽しめる、西欧のドレススタイルを現代風にデザイン。中でもボーンを入れた本格的なコルセットや、コルセットドレスが素晴らしい。直営店では、『ATELIER PIERROT』オリジナル服の他、インディーズブランドの服や小物を扱うセレクトショップとなっている。

http://atelier-pierrot.jp

ネット通販：あり

直営店

- ATELIER PIERROT ラフォーレ原宿店（東京）☎ 03-3475-0463
- ATELIER PIERROT 大阪店（大阪）☎ 06-6241-7389

ジュリエットブラウス アイボリー¥14,800、ローズジャガード ショートコルセット¥14,500、ヴァーグ　スカート オフホワイト¥14,500

abilletage《あびえたーじゅ》

コルセットがメインのブランド。いろんなスタイルに合わせやすい、コルセットデザインタイツは大ヒット商品の一つ。直営店では、『三上鳩広（P141）』や『夜虎』など、スチームパンカーに人気の作家ものアクセサリーなども取り扱う他、カフェを併設。

www.abilletage.com

ネット通販：あり

直営店

- abilletage（東京）☎ 03-6380-5587

イベント

ARTiSM MARKET（P127）等で出展あり

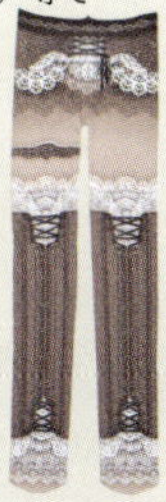

コルセットタイツ ヴィクトリアン ブラウン¥3,612

OZZ ONESTE おっずおねすと

「ライクアロリータ」「チャイナロリータ」などを中心に展開する洋服ブランド。丈の短いジャケットや、ふんわり広がるギャザースカートなど、スチームパンク女子に必要なアイテムが見つかりやすい。

http://www.ozzon-japan.com

ネット通販：あり

ヘリンボーンジャケット
¥24,800、
スカラップレース
2WAY スカート
¥9,800

直営店

- OZZ ONESTE 大宮 OPA 店（埼玉）
  ☎ 048-643-5006
- OZZ ONESTE 池袋・東武ホープセンター店（東京）
  ☎ 03-5954-0626
- OZZ ONESTE 新宿サブナード店（東京）
  ☎ 03-5368-6277
- OZZ ONESTE 渋谷店（東京）
  ☎ 03-5456-9835
- OZZ ONESTE 吉祥寺店（東京）
  ☎ 042-221-4591
- OZZ ONESTE 町田ジョルナ店（東京）
  ☎ 042-732-2306
- OZZ ONESTE 藤沢 OPA 店（神奈川）
  ☎ 0466-27-7350
- OZZ ONESTE 静岡パルシェ店（静岡）
  ☎ 054-255-5560
- OZZ ONESTE 浜松メイワン店（静岡）
  ☎ 053-457-4804
- OZZ ONESTE 名古屋栄 NOVA 店（愛知）
  ☎ 052-251-9801
- OZZ ONESTE 難波なんなんタウン店（大阪）
  ☎ 06-6633-5757
- OZZ ONESTE 梅田クロスト店（大阪）
  ☎ 06-4795-8030
- OZZ ONESTE 天神 VIVRE 店（福岡）
  ☎ 092-724-6250

か行

KARZWORKS かーずわーくす

スチームパンク銃やウエストポーチ製作で有名な、リアルスチームパンカー赤松和光さんのブランド。皆が手軽に購入して楽しめるようにと、ゴーグルやポーチをネットで販売！

http://star.ap.teacup.com/karzworks/

通販サイト

VILLAGE VANGUARD で取り扱いあり

イベント

ARTiSM（P126）等で出展あり

スチームパンクポーチ¥3,500

GEAD ぎあっど

架空の鉱山都市 GEAD を舞台に語られる物語がベース。そこで作られる、真鍮、銀、銅、ガラス、水晶、アメジスト他を使ったアクセサリーを販売。GEAD の一員になったつもりで身につけられる！

http://geadcity.thebase.in

ネット通販：あり

イベント

日本蒸奇博覧會（P126）等で出展あり

Tank Gear
Ring
¥38,000

Ari's Factory 蟻工房

ありずふぁくとりー　ありこうぼう

写真の COG CLOCK "HOLA"（キット）は、カッターナイフと木工用ボンドで組み立てるクォーツ式歯車時計キット。もうひとつは COG CLCOK の各パーツを銘木削出パーツ等に変更した塗装済み完成品。こういった木製プラモデル＆デスクトップアクセが自慢のブランド。

http://www.arifactory.com

ネット通販：あり

イベント

日本蒸奇博覧會（P126）等で出展あり

COG CLOCK
"HOLA"
（キット）
¥7,200

COG CLOCK.sp
¥24,800

h.NAOTO STEAM えいちなおと　すちーむ

日本で唯一のスチームパンク専門ブランド。もともとゴシックスタイルを得意とする『h.NAOTO』が、独自の世界観でスチームパンクを表現。洋服はもちろん、トップハットやハーネス、カバンなど小物も充実のラインナップ！

http://www.hnaoto.com/

ネット通販：あり

直営店

- h.NAOTO 札幌 PIVOT（北海道）
  ☎ 011-219-5139
- h.N GALLERY（東京）
  ☎ 03-5766-5108
- h.NAOTO&MINT NeKO 新宿マルイアネックス店（東京）
  ☎ 03-3358-1889
- h.NAOTO ラフォーレ原宿店（東京）
  ☎ 03-3470-5028
- h.NAOTO&MINT NeKO 栄 NOVA 店（愛知）
  ☎ 052-261-6090
- h.NAOTO+ 大阪店（大阪）
  ☎ 06-6535-9211
- h.NAOTO 天神 VIVRE 店（福岡）
  ☎ 092-715-8817

←ケープつきブラウス
¥15,800、
ゴブランサマーベスト
¥13,800、
鳥かごワンピース
¥29,000

EXCENTRIQUE えくさんとりーく

西欧の19～20世紀初頭を思わせる、エレガントな服作りを得意とするブランド。コルセットや、レトロなミリタリー風ジャケット等を探したい時は、ぜひチェックしたい！

http://excentrique.biz／

ネット通販：あり

直営店

- エクサントリーク 新宿マルイアネックス店（東京）
  ☎ 03-3352-0771

Ritual
スペンサージャケット
¥36,000

gouk侍《ごうくさむらい》 gouk雅《ごうくみやび》

「和」を重んじる洋服ブランドgoukから生まれた、「和ロリータ」のラインが『gouk 雅』。『gouk 侍』は gouk のメンズラインで 2105 年にデビュー。江戸末期〜明治初期の、日本の男達をイメージしてデザインされている。

http://www.gouk.jp
ネット通販：あり

直営店
- gouk・TK GALLERY（東京）
  ☎ 03-5766-3910
- gouk 新宿マルイアネックス店（東京）
  ☎ 03-6457-8158
- gouk 雅 &Sixh. ラフォーレ原宿店（東京）
  ☎ 03-3746-6006
- h.NAOTO&MINT NeKO 栄 NOVA 店（愛知）
  ☎ 052-261-6090
- h.NAOTO+ 大阪店（大阪）
  ☎ 06-6535-9211
- h.NAOTO 天神 VIVRE 店
  （福岡）☎ 092-715-8817

↑着物袖カットソー¥17,800、
フレアスカート¥14,000

コレルリア《これるりあ》

ボディから型取りしてオリジナルで製作した、玩具の銃 VERONICA ¥5,000 や、人形に持たせるのにいい小さな銃 SEED ¥3,000 を販売。全長 55㎜の小さな VERONICA S ¥1,000 はペンダントトップになっている。

http://koreru.exblog.jp

イベント
日本蒸奇博覧會（P126）等で出展あり

手のひらサイズの
VERONICA SEED
¥3,000

corgi-corgi《こーぎーこーぎー》

スチームパンクはもちろん、ブライダルからカジュアル、アンティークテイスト、ゴシック＆ロリータなど幅広いジャンルで展開する帽子専門ブランド。スチームパンカーの間では押しも押されぬナンバーワンの人気を誇る。

http://www.corgi-corgi.info/
ネット通販：あり

実店舗
KERA SHOP（札幌、東京、横浜、三宮、広島）、Dangerous nude A（P139）で取り扱いあり

イベント
ARTiSM MARKET（P126）等で出展あり

アーミーハット
¥10,600

【ギヰクトテレス】《ぎーくとてれす》

「innocent + décadence」をテーマに、医療品等の無機質なイメージ感覚を大切にした、ゴシック寄りブランド。皆とちょっと違うクールなスチームパンクを演出したい人におすすめ。

http://geektoteles.jimdo.com
ネット通販：あり

通販サイト
VILLAGE VANGUARD で取り扱いあり

イベント
DESIGN FESTA（P127）等で出展あり

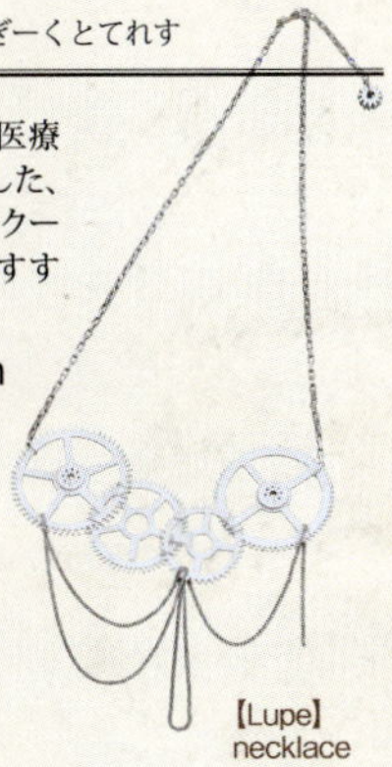

【Lupe】
necklace
¥6,500

GimmelGarden《ぎめるがーでん》

イタリアで習得した技法で作る、非常に技術力と芸術性の高いアクセサリー他を販売。パーツにした歯車を回転させると歯が出てくる、籠が開くなど、細かい仕掛けがあって、持つ人の心を充分に満足させてくれるものばかり。

http://gimmelgarden.jp
ネット通販：あり

実店舗
Sipka（愛知）で取り扱いあり

イベント
日本蒸奇博覧會（P126）等で出展あり

ペーパーナイフ
「トナカイ脅し」
¥19,800

candynoir《きゃんでぃのあーる》

ゴシック&ロリィタ、スチームパンク等、エクストリームなファッションピープルのための、エクストリームな帽子工房。特にトップハットにサイド編み上げつき、うさぎ風耳つきのものが大人気で、バリエーションもいろいろ。

http://candynoirblog.blogspot.jp/
ネット通販：あり

実店舗
ヴァニラ画廊（東京）で取り扱いあり

イベント
DESIGN FESTA、ARTiSM MARKET（P126）等で出展あり

大きなリボンの和柄コルセットハット¥23,000

Qutie Frash《きゅーてぃ ふらっしゅ》

「和」×ロリータを得意とするブランド。フリルとレースがたくさんついた、着物襟のトップスや、ボリュームたっぷりのアシメトリーギャザースカートなどの他、「和チームパンク」ラインもあって、見逃せない！

http://www.intermission.info/
ネット通販：あり

直営店
- Qutie Frash
  アメリカ村本店（大阪）
  ☎ 06-4704-5517

キャミワンピ¥17,500、
フリル着物カーデ¥23,000、
コルセットベスト¥15,000、
アシメスカート¥15,000

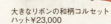

19世紀洋装店 Sincerely《じゅうきゅうせいきようそうてん しんしありー》

19世紀の米英文学をイメージした服作りをするブランド。ヴィクトリアンやエドワーディアンなど19～20世紀初頭風のエッセンスを混じえながら、21世紀の今、街着として着用することができる、エレガントで洗練されたラインが人気。

http://sincerely.babyblue.jp

ネット通販：あり

イベント

年2回、京都で合同展示即売&受注会あり。DESIGN FESTA（P127）等、展示即売会に出展あり

1880 デイドレス
<ジョージアナ>
¥36,112

スタジオトムス

ストリートウェアと帽子や小物の店。以下の下北沢にある3店舗では常時『末吉晴男時計』（P110）を置いて販売している。スタジオトムスのホームページでチェックしてから、ショップに問い合わせて行ってみよう！

http://www.tom-s.co.jp/

ネット通販：なし

直営店

- GROWN UP TABATHA（東京）
  ☎ 03-5430-1247
- 地球栽培・下北沢店（東京）
  ☎ 03-5430-1245
- Little TABATHA（東京）
  ☎ 03-5452-1890

末吉晴男時計
【祝砲 2015】

SteamCottage《すちーむこてーじ》

国内外のスチームパンクブランド系商品を扱う、沖縄発のネットショップ。写真の『Cybart』の商品はメキシコから。『JAYLLY COKE』（P138）の革製品や『hades』の靴（P140）、『電氣エンドルフィン』（P139）、『Forêt』等のアクセサリーも扱う。

http://steamcottage.net/

ネット通販：あり

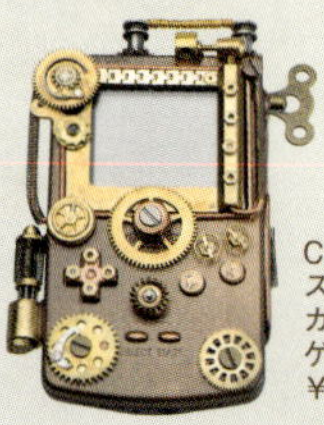

Cybart
スチームパンク
カスタム旧型
ゲームボーイ
¥47,000

Cybart スチームパンク
USB ネックレストップ
¥28,000

JAYLLY COKE《じぇいりーこーく》

沖縄の革工房で作っている、革製品のブランド&ショップ。アンティークミシンを使った縫製で、修理もやってくれる。丁寧で確かな技術とちょっとロックなデザインが好評。スチームパンクシリーズもある。

http://jayllycoke.ti-da.net/

通販サイト Steam Cottage（P138）で取り扱いあり

直営店

- JAYLLY COKE ★革工房（沖縄）
  ☎ 098-989-5488

STEAM PUNK ♯
ラウンドファスナー
Long Wallet 琥珀¥42,000

JHA《じぇいえいちえー》

日本手作り腕時計協会JHAによる、ネット通販サイト。スチームパンク度が高いブランド『KS』他、オリジナリティ溢れる作家時計が一堂に会して、目移りしてしまいそう。

http://jhatime.com

ネット通販：あり

KS の時計
GANYMEDE
¥21,500

Shiki《しき》

アンティークの帯や着物をほどいて作る、和コルセットブランド。丁寧に作られているから、ボディに馴染み、きれいなラインを作ってくれる。

http://www.jp-shiki.com

通販サイト Shiki の HP から入れる iichi の通販サイトで取り扱いあり

桜と菖蒲雪輪の
帯コルセット
¥32,407

蒸気屋黒髭《じょうきやくろひげ》

スチームパンクを専門とする、ネット通販サイト。イギリスの『Corset Story』、ポーランドの『RE STYLE』、チェコ『Dracula Clothing』などスチームパンクに強いインポートブランド物を扱う他、オリジナルのゴーグルも販売している。

http://steam-punk-shop.com/

ネット通販：あり

RE STYLE スチームパンクバックルグローブ(女性用フリーサイズ)
¥6,000

電氣エンドルフィン《でんきえんどるふぃん》

天然石や真鍮、銅などを使用して、懐古的かつ異世界を感じさせるアクセサリーを製作・販売。奇妙だけれど愛らしいフォルムのものが多く、思わず微笑んでしまいそう。

http://denkiendorphin.com/

ネット通販：あり

実店舗

A STORY TOKYO SHIBUYA STORE（P135）、匣ノ匣（東京）、SteamCottage（P138）、エストレージャス（沖縄）で取り扱いあり

イベント

STEAM GARDEN（P126）などに出展あり

電氣エンドルフィン軍エンブレムネックレス¥29,800

Dangerous nude《でんじゃらすぬーど》

「ニューアンティークポップ」をコンセプトにした、キュートなデザインが人気のブランド。一番の人気はカジュアルでも気軽に着られるコルセットとデザインタイツ。直営店の方では、姉妹ブランド『危機裸裸商店』の服や、時にはスチームパンク系も含むワクワクするような雑貨を、多数セレクトして販売。

http://www.ziggyvamp.co.jp/Dangerousnude/

ネット通販：あり

直営店

- Dangerous nude A（東京）
  ☎ 03-3353-0855
- Dangerous nude 革命（東京）
  ☎ 03-6434-7388

バートンクロス¥1,200

steeldrops《すてぃーるどろっぷす》

タンク型に配管をイメージしてデザインしたペンダントや指輪など、どことなく無骨ながら、愛くるしいフォルムのスチームパンクアクセサリーを製作・販売。真鍮のものが多く、小さいけれどずっしりと重量感があり、持つ人の心を満足させてくれる。

http://www.steeldrops.org

ネット通販：あり

steamdrop ネックレス
¥10,000

実店舗

A STORY TOKYO SHIBUYA STORE（P135）、金星灯百貨店（東京）で取り扱いあり

Strange Artifact《すとれんじあーてぃふぁくと》

スチームパンクユニット Strange Artifact が手掛ける、オリジナル革製品ブランド。リングやポーチなど日常使いの小さな物から、ハーネスやコルセットまで全て本革で製作。丁寧に作られた本物の良さを実感できるブランド。

http://www.strangeartifact.jp/

実店舗

不思議かわいい雑貨店アランデル（東京）、DD-ANDROGYNOUS;JPN（愛知）、淑女雑貨 Toe Cocotte（奈良）などで販売あり。『h.NAOTO STEAM』（P136）コラボ指輪の販売は h.N GALLERY 店（P136）であり

イベント

日本蒸奇博覧會（P126）などに出展あり

うりぼう・ベルトポーチ
¥10,000

た行

大正蒸瀛奇巧《たいしょうじょうききこう》

「シンプル」「可愛い」「頽廃」の3つのキーワードを元に、ちょっぴり変わった工夫を施した、スチームパンクのアクセサリーなどを製作&販売。

http://tsteam.handcrafted.jp

ネット通販：あり

イベント

日本蒸奇博覧會（P126）などに出展あり

俵型潜水機
米 27 号ネックレス
¥14,815

DAMYS《だみーず》

鉄、ネジ、ナット、歯車などを使って「素敵」「格好いい」「可愛い」「面白い」「不思議」の5つのキーワードを満たすアクセサリーが大人気のブランド。ふだん着にひとつ身に付けたら、お洒落な人と思われそう★

http://damys.net

通販サイト VILLAGE VANGUARD、Shop-Baton で取り扱いあり

歯車ヘアクリップ¥4,800

実店舗

Shop-Baton（大阪）、ネジのナニワ日本橋店（大阪）で取り扱いあり

イベント

日本蒸奇博覧會（P126）などに出展あり

は行

プラスヴォーチェ　ぷらすゔぉーちぇ

インテリア雑貨がぎっしりと並んだ中に、アンティーク時計から取り出されたギアや文字盤など、スチームパンカーなら狂喜しそうなパーツがたっぷり。どれも手頃な価格！　宝の山を見つけたみたいで、お店の扉を開けたらしばらく出ることができないかも…。

www.plus-voce.com

ネット通販：あり

直営店

●プラスヴォーチェ（東京）
☎03-5830-3586

イベント

日本蒸奇博覧會（P126）などに出展あり

パーツは1点
¥100 から

hades JAPAN　へいでぃーず じゃぱん

アメリカ LA 発の個性的な靴ブランド hades は、ゴシックやメタル系のよさを活かしたデザインがベースに。さらにクールで洗練されたスチームパンク靴を多くラインナップ。

http://hades-japan.jp/

ネット通販：あり

POLARO
ポラロ¥35,700

実店舗

● abilletage（P135）、DD-ANDROGYNOUS;JPN（愛知）、淑女雑貨 Toe Cocotte（奈良）、Maison de Rosenkreuzer（福岡）で取り扱いあり。『h.NAOTO STEAM』（P136）を扱うショップの一部では、h.NAOTO STEAM × hades コラボ靴も販売

イベント

日本蒸奇博覧會（P126）などに出展あり

ま行

Mai Aimheart　まい・えいむはーと

ゴシック系のイラストを得意とするイラストレーター Mai Aimheart が、独自のスチームパンク観で、雑貨をデザイン・販売。電球とつけ襟を合体させたチョーカーやクラーケンアクセ等、可愛いものが登場！

http://aimheart.web.fc2.com

通販サイト　VILLAGE VANGUARD で取り扱いあり

実店舗

ヴァニラ画廊（東京）、Guignol（大阪）で取り扱いあり

イベント

日本蒸奇博覧會（P126）などに出展あり

電球チョーカー
¥5,900

特撮ギター研究所　とくさつぎたーけんきゅうじょ

steeldrops（P139）のデザイナー三輪氏が手掛ける、ギター専門ブランド。ギアなどをデザインした、スチームパンクなギターを販売。その他、スチームパンク刀や銃（P3〜4）など、ちょっと風変わりなものを遊び心で作ることもある。

http://www.miwakazuki.jp

ネット通販：あり

イベント

STEAM GARDEN（P126）などに出展あり

OPEN HATCH
custom
¥40,000〜

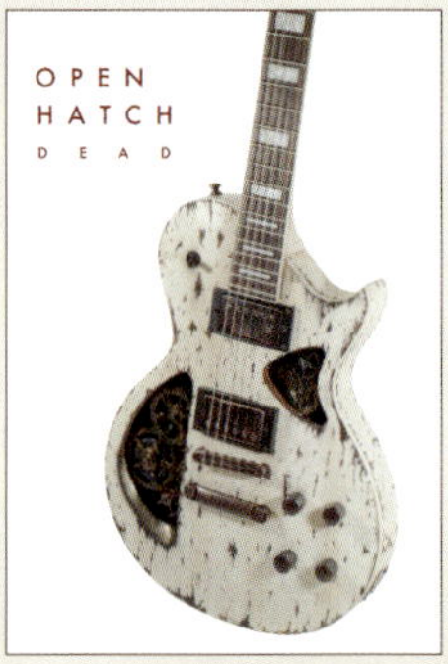

OPEN HATCH
DEAD
¥160,000

Triple*fortune　とりぷるふぉーちゅん

ボンネットとコルセットを中心に、19 世紀ヴィクトリアンや 20 世紀初頭のエドワーディアンスタイルのエッセンスを閉じ込めた、華やかでデコラティブな洋服&小物作りを得意とするブランド。

http://3-f.jp

ネット通販：あり

実店舗&通販サイト

KERASHOP 新宿店と KERASHOP の通販サイトで取り扱いあり

イベント

『Brilliant Star ★デコレーションズ』や、『Alamode Market』の展示即売会等で出展あり

ローズリボン
ボンネット
¥16,900

な行

NUDE N' RUDE　ぬーでんるーど

「明るい絶望」というライフスタイルを提案、ゴシックを中心とした服や小物をセレクト。Red Queen's Black Legion などスチームパンクブランドものを、ショップで実際手に取ってチーププライスで購入できるのが嬉しい。

http://www.nude-n-rude.jp

ネット通販：あり

直営店

● NUDE N' RUDE（東京）
☎03-6455-1918

LED 光付き片目ゴーグル
¥12,000

ら行

林檎屋《りんごや》

時を刻む
ペンダント
¥20,000

「ゆるい」「かわいい」「楽しい」をモットーにしたアクセサリーブランド。
千葉で彫金アクセサリー講座
「工房　銀の風」もやっているので、自分でスチームパンクアクセサリーを作ってみたい人は、ネットでチェックしてみて。

http://ringoya.ocnk.net/

ネット通販：あり

通販サイト Creemaで取り扱いあり

実店舗

●匣ノ匣（東京）で取り扱いあり

みんなのお買い物情報！

打ち合わせや撮影で会ったスチームパンカーさんから教えてもらったけれど、紹介しきれなかったお買い物情報を一挙掲載★　役に立ちますヨ

衣類について（紳士向け）

「ベストが欲しいと思って、ネットで価格を見たら¥8,000くらいするって知って、高い！と思った。でも古着屋に行ってみたら、¥1,000もしないで買えましたよ！（S）」
「メンズの19世紀紳士風コーディネイトに使うシャツは、無印良品とか、UNIQLOでそれっぽいものが手に入る！（M）」
「ヴィクトリア時代を感じさせるモーニングコートは、ヤフオクや楽天で、ホテル等の貸衣装の払い下げ品を購入するのも手。自分のサイズを見つけて、ズボンの裾上げだけ自分でやる覚悟で！　3つ揃いで¥6,000で購入できたりします（A）」

衣類について（淑女向け）

「古着店に行ったら、とにかく茶色いものを探します（M）」
「FOREVER21とかでアンティークなものを探します！（R）」
「コルセットやパニエはFanplusfriend Japanのネット通販で買います（A）」
「コルセットとかは、MARS&OZZYのネット通販で探して購入します！（M）」
「axes femmeだとフリルのついたクラシカルな服がお手頃価格で買えます（T）」

帽子について

「トップハットなら、アメリカの通販のTall Toad Hatsがおすすめ。リネンやクラッシュドベロアを使用したトップハットを販売していることと、サイズが53cm～65cm（！）と非常に豊富！お値段は手頃、日本への発送もOK（A）」
「トップハットは海外通販で、まとめて買うと安いと聞いて、皆で購入してシェアしました（N）」

着物について

「着物はリサイクルショップで探します！（C）」

骨董品について

「東京蛍堂のネット通販で、骨董品を探します（C）」
「骨董品は、がらくた市、骨董市と呼ばれるところで探します（A）」

小物について

「東京・吉祥寺の匣ノ匣は、ちょっと癖のある小物が買えます（Y）」
「東京・秋葉原の武装商店で、武装用の使えるものを探します（S）」

三上鳩広《みかみはとひろ》

本革による、かぶり物と装身具製作のアーティスト。マスク（レースタイプ、フルフェイス、ガスマスク）や指甲冑などがメインで、ドールの靴なども製作。作家・三上鳩広のアイコンにもなっている「デラシネ」は受注販売のみ。graguigno@yahoo.co.jp まで。

http://hatohiromikami.com

ネット通販：あり

実店舗

abilletage（P135）で指甲冑（P51）の販売あり

レザーレースマスク
¥30,000
問い合わせは
ヴァニラ画廊
☎ 03-5568-1233へ

MIHO MATSUDA《みほ まつだ》

クラシカルでマニッシュ、時々フォーマル。品のよさを讃えた、ゴシック&ロリータ系ブランドのひとつ。王子系や少年ぽいレディス服も得意で、特にブラックのショートパンツが可愛い。

http://mihomatsuda.jp

NET通販：あり

直営店

● MIHO MATSUDA 池袋店（東京）
☎ 03-6914-0210
● MIHO MATSUDA 心斎橋店（大阪）
☎ 06-6258-5050

←ブラウス¥14,040、
ベスト・ネル¥12,960、
パンツ¥9,720

modifica《もでぃーふぃか》

アンティークのコインとギアを合わせたり、小さなガラスドームの中にスチームパンク世界を閉じ込めたり…。丁寧な作りの、繊細なアクセサリーが人気のブランド。

http://modifica.base.ec

ネット通販：あり

Steam Punk コイン
ネックレス¥4,000

実店舗

ATELIER PIERROT ラフォーレ原宿店（P135）で取り扱いあり

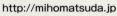

VOICE FROM STEAMPUNKERS ～みんなの声～

appendix 2

最後に実際にスチームパンクを楽しんでいる人達の生声をお届け！
それぞれのスチームパンク感やお気に入りアイテム、そして初心者へのアドバイスも。
ぜひ参考にして、これから始まるスチームパンクライフを楽しんで！

Q あなたにとってのスチームパンクとは？

●生活を楽しませてくれるエッセンス。（とし）

●自分らしく生きるための手助けになるものです。（RENA）

●アイデンティティのもう一つの形。（soar）

●いろんな時代や世界へと冒険できるスタイル。（チル）

●創作や生活のすぐ側に置いておきたい、親しみのあるどこか懐かしい世界です。（望早）

●冒険♥（あおい）

●タイムトリップのユニフォーム。（メガドリル軍曹）

●アンティークな雰囲気や装いなど昔から好きだった世界観の名称。スチームパンクという言葉を知って、自分が好きだった物が繋がり、たくさんの友人との縁も繋いでくれた、大切なものです。（Natsuko）

●創作活動に刺激を与えてくれるものです。（倉馬奈未）

●オールドテクノロジーの進化をもとにした、現実と空想の狭間にある世界。（astrojet 櫻田竜二）

●子供の時から空想した物事を、ファッションと遊びを両立しながら表現できる楽しみのある分野です。（あすとろにいさん）

●衣装、世界観、それがたまたま「自分の好み」と合致しただけです。（侘助）

●一つの自己表現。（火伊）

●自分が好きな物を思いっきり詰め込める物です。（アライ）

●古さと新しさが融合した世界観のファッション！（リサ）

●過去から学んで未来に活かす手段。（森口花梨）

●自分の視野を変えてくれたものの一つでもあり、ふだんとは違う自分にしてくれるもの。（トニー）

●自分で新しい自分を作れる、素敵な世界。（凪橋 晶）

●いろいろな自分になれるのがスチームパンク。僕は様々な次元を飛び回る多次元周遊者。（kusaji Ao）

●一つの表現の形。（シトウシンヤ）

●自分の空想世界の実現と共有。私が私として、いろんな世界を旅するイメージです。（すうちぇ）

●ハレのファッション。（えひめ）

●暮らしを楽しくしてくれるもの。（Amy）

●非日常を楽しめる、最高のもの。（枝垂屋）

●自己表現の一つ。（マイケル・カーター）

●自由な作品が作れる楽しいテーマ。（サヴァ）

●浪漫。（将園）

●自由な発想の世界。（Roki）

●子どもの頃、ジュヴナイルにワクワクした思い出を、大人になった今だからこそ「考え」「作り」「着て」「遊ぶ」趣味。（kk.）

●いい大人の本気の遊び。（Satoshi）

●楽しくて自由な所。（Akari）

●HAPPYな大人のための遊び！（美禍レイア）

●懐かしのSFワールド。（KARZWORKS）

●自由で創造性に満ちた場所。全てを許容するもの。（蒼華）

●大好きな世界観。（minamii）

●自分が住みたい世界。（伊藤秀二）

●楽しめる場所。妄想に浸れる世界。（caplico）

●日常の中で別世界を体験できる場所です。（水無瀬）

Q スチームパンクをやっていて一番楽しい時は？

●自分がその中で生活をしていることを考えたり、関連づけている時。（伊藤秀二）

●衣装や小物のアイデアを考えてる時。試行錯誤で作ってる時。見せた反応がよかった時。どれも同じくらい楽しい。（メガドリル軍曹）

●たまに皆で集まって、お話ができたり、お酒が飲めれば最高。（深川条約機構）

●自分が造ったモノを見て貰ったり、他の方の素晴らしい創作物、服装、パフォーマンスを拝見したりする時。（astrojet 櫻田竜二）

●上手くお気に入りのアイテムをコーデに取り入れられた時。（チル）

●お買い得だったアイテムや、できあがった作品が褒められた時です。（RENA）

●新しい物語が現れたひと時。スチームパンクの世界に足を踏み入れた人達のできごとから、人間のまた違う側面を垣間見た瞬間。（soar）

●スチームパンカーの人達と交流すること。（カオリラ）

●ガジェットとか、いろんな方と物作りの話をしてる時。（千夏）

●いろいろ、設定を考えている時。共感できる人と、いろいろな話をしている時。（caplico）

●自分の好きな世界観を詰め込んだアクセサリーを作っている時。（Natsuko）

●いろんな物を作っている最中。後は、新作ができあがって、それを仲間にお披露目する時ですね。（あすとろにいさん）

●様々なスチームパンカーさんとお逢いして、設定やこだわりについてお話を聞いている時。（侘助）

●共通の趣味の仲間と交流して、新たな刺激や発想をもらえる時が、特に楽しいです。（火伊）

●空想が（どうにか）形になった時。そして、その楽しさを共有できる場にいる時。（kk.）

●人それぞれのファッションを見てる時。（美禍レイア）

●オリジナル作品を仕上げる時。作品を皆さんに使ってもらう時。（KARZWORKS）

●バカみたいなことにも全力をつぎこんで楽しめる時。（蒼華）

●自分でコーディネイトした格好で、スチームパンク関連のイベントに行く時です。好きな世界観を表現できるのが楽しいです。（アライ）

●自分のイメージにピッタリくるスチームパンクアイテムを手に入れられた時。（リサ）

●普通に歩いているだけでも、何かしらのイベントへ行く時でも、スチームパンクの背景の一つでもある「時間旅行者」の様な気分を味わえるので、基本はどのような時でも楽しいです。（トニー）

●周りの風景と馴染まず、異世界から来た雰囲気を出せた時。（森口花梨）

●同じ世界観でたくさんの人々と物語を共有している時。（凪橋 晶）

●非日常になれる。ものすごく重装備な人が何人も集まって大騒ぎできる。楽しい。（kusaji Ao）

●頭の中で考えていたものを実際に作り出す時。（すうちぇ）

●人の交流、自作している方なども多いので、楽しいです。（リュウスケ）

Q お気に入りのスチームパンクアイテムや洋服は？

●使いやすくて気に入っているのは、イヤリングをチャームに流用した、革のチョーカーです。立ち衿に合うのでよくつけています。(RENA)

●携帯ケース、ブローチ。(soar)

●あまり作らず、買うことが多いですが、ヒエログリフを描いたエジプト風の靴がお気に入りで、よく履いてます。(チル)

●燻製機。(シトウシンヤ)

●ハーネスとアクセサリー。素人の工作ですが気に入っています。(MiKaN)

●スチームパンクカー。いろんなご縁を頂いた創作なので、思い入れがあります。(望早)↓P92

●飛行装置。(caplico) ↓P22

●パソコン用モニターとキーボード。(とし)

●グッズではないですが、自分の自転車。100年も形や仕組みが変わらないところが好きです。(伊藤秀一)

●トゲトゲバズーカ。(メガドリル軍曹)

●和のテイストを意識した鶴のピアス。(Natsuko)

●にゃんくんマスコットのスチームパンク装備。(倉馬奈未) ↓P34

●初対面の方にも「見たことあります」と言ってもらえる、狗マスク。(astrojet 櫻田竜一) ↓P26

●作る度にいろんなアイデアが湧いてくるし、技術や工夫の仕方も覚えるので、その時々の最新作が一番のお気に入りに。(あすとろにいさん)

●最初に作ったハット。(KARZWORKS)

●いろいろありますが、一番を挙げるなら歯車をまとめて作った懐中時計（動きませんが）。(侘助)

●撮影でも装着していたメカアームが、思い入れがあり、お気に入りです。(火伊)↓P30

●8ミリカメラと双眼鏡を合体させて作った参眼カメラです。この製作がきっかけで、ガジェット作りと木目塗装の楽しさに目覚めました！（アライ）↓P55

●満月と土星のチャーム。(リサ)↓P128

●アイテムとかはあんまり持っていませんが…。シャツ、ネクタイ、ベスト。これだけあれば、こぎれいな恰好になる！ 休日の服に迷った時もおすすめ。(深川条約機構)

●歯車やアンティークパーツで装飾した虫のおもちゃ。(森口花梨)

●星座職人の帽子と永久機関。(kusaji Ao) ↓P131

●消毒噴霧器。(千夏)

●アクセサリーを作ることが多いですが、全てが大切なお気に入りです。(すうちぇ)

●燕尾服。(リュウスケ)

●天蓋。(将園) ↓P24

●ランタン(最新のもの)。(えひめ)↓P130

●自作せずとも工夫しだいで、既製品でも、なんとでもなる点は素晴らしい。(UC)

●メガネアクセサリー。(Amy)

●マスクとガントレット。(サヴァ)↓P131

●ゴーグル。(枝垂屋)

●メカアーム。(マイケル・カーター)↓P131

●スチームパンク刀。(DJコーピー伝説)

●錫杖。柱時計のムーブメントを少し装飾しただけだが、一番初めに思いついた物なので。(kk.) ↓P53

●作ったというほどでもないですが、ハーネスやブックバンドを作って、自分のイメージ通りのものができた時は嬉しいです。(美禍レイア)

Q スチームパンクを始める人に、ひとことアドバイスを！

●初心者でも気負わずに楽しめる世界です。素敵なお手本が周りにいらっしゃるので勉強できます (凪橋 晶)

●スチームパンクはSFの1ジャンルで、世界観は十人十色。自分の好きを詰め込んだスチームパンクを楽しんで下さい。(Natsuko)

●なりたいものを空想し、100円ショップやホームセンターで悩む時間を作ってみると、何かが湧き出てくるかもしれません。(kk.)

●まずは、機関（エンジン）に火を入れるのだっ！（メガドリル軍曹）

●自分が好きな感じのスチームパンカーさんやスチームパンク作品を真似たり、よく観察するとよいと思います。そうするうちにもっとこういう物が欲しい！という気持ちが芽生えてくるものです。(RENA)

●Know thyself , as thyself......(soar)

●ゴーグルとベストとベルトさえあればできます。カラーは茶色と白基調にすればOK。是非とも、この世界に足を踏み入れてみて下さい。貴方の世界が広がりますよ！(MiKaN)

●気楽にいこーや。(深川条約機構)

●こんなにすごいの作れない…って最初は皆、思われるかと…自分も思いました。でも関係ない、自己流でいいんです。一歩踏み出せば、魅力的な世界観が待っています!!（火伊）

●『トップハットやゴーグルみたいな象徴的なアイテムを身につけていないとダメなのかな？』と思いがちですが、いざ飛び込んでみると、各々のスチームパンク観はバラバラで、いろんな人がいるので大丈夫。スチームパンクの世界観を楽しみたいという気持ちがあれば、それだけで立派なスチームパンカーです。(astrojet 櫻田竜一)

●この世界に難しいことはありません、自分が考えた設定がスチームパンクなら、それでよいじゃないですか。一緒に楽しみましょう。(侘助)

●自分が好きな物、好きな格好をスチームパンク風にアレンジするとどうなるか？ 考えていくと楽しいですよ！（アライ）

●自分のなりたい自分を想像して、その通りになっちゃいましょう。着てみたかった服を今すぐ着ちゃいましょう。そして堂々と『自分は素敵だ』と言い切っちゃいましょう。(あすとろにいさん)

●自分なりのスチームパンク観を持ち、しかしながら他人のそれを否定から入らないこと。(とし)

●お気に入りの装備品をいっぱい見つけて、装備してみましょ〜♪（チル）

●あまり定義やジャンルに捕われず自由に自分の思うスチームパンクを楽しむのが一番よいのではないかと思います。(shichigoro-shingo)

●スチームパンクを好きになった自分の感性を誇りに、自由にコーデすればよいと思います。(森口花梨)

●最初は一つの歯車を握りしめるだけでも大丈夫。一緒に楽しみましょう。あなたの描く世界を見せて下さい。(すうちぇ)

●始めなければ始まらない。(淀川シオン)

●普段着から始まるスチームパンクでも、あなたが思えばスチームパンク！(百合-yuRi-)

●自分みたいな初心者でも楽しめるので、ぜひ!!（枝垂屋）

●何でもいいからドライブラシで塗ってみよう！（マイケル・カーター）

●本気で遊んでみないか？（Satoshi)

●興味を持った時から、始まっているのでは。(caplico)

●作るのは難しそう！ と思ったら、古着店さん等に行くとイメージが膨らむと思います。(水無瀬)

●妄想全開でお越し下さい。(Roki)

●いつもの服も組み合わせ次第でスチームパンクに大活躍したりします。お店で売っている意外な品が、工作の材料として思わぬ効果を上げたりもします。アイデア次第で、あらゆる方向に世界が広がっていくのがおもしろいところです。歯車一つ、シャツ1枚からでも、勇気を出して足を突っ込んでみて下さい。どんなに大きな歯車も動かそうとするエネルギーがなければ、回らないのですから。(岩鼠)

●私も初心者です。一緒に遊んでくださる方がいたら嬉しいです。(マリ)

●とにかく自由なのがスチームパンクです。高いものを買う必要はないので、自由にいきましょう！(Amy)

●きっと意外に生活に馴染みますよ。自分なりのスチームパンクを楽しんで下さい。(望早)

●他のスチームパンカーの人たちを参考に自分なりのスチームパンクのファッションを、自信を持ってしましょう。これが私の好きなスチームパンクだという感じで。(カオリラ)

●革と金属とレトロ感、この3つを押さえればそれっぽくなります。(リサ)

●お高いブランドに大枚をはたく必要はないのです。身近なものをどう自分らしく作り上げるかが、一番楽しい。(kusaji Ao)

●自由に。(シトウ シンヤ)

●アイデア一つで世界は広がる！（将園）

●まずは作ってみて!!（サヴァ）

スチームパンク FASHION BOOK
スチームパンカーズ JAPAN
完全装備読本

2015年 12 月 15 日　初版第 1 刷発行

編者● The Japanese Steampunkers!
発行者●滝口直樹

発行所●株式会社マイナビ出版
〒 101-0003
東京都千代田区一ツ橋 2-6-3 一ツ橋ビル　2F
TEL 0480-38-6872（注文専用ダイヤル）

TEL　03-3556-2731（販売）
TEL　03-3556-2736（編集）
E-mail　pc-books@mynavi.jp
URL　http://book.mynavi.jp

印刷・製本●大日本印刷株式会社

STAFF

AD ＆デザイン●石川文子
撮影●その江

企画＆編集●
山本雅之（株式会社マイナビ出版）
The Japanese Steam Punkers!
鈴木真理子
永峰千恵
景山美香（株式会社ワーズ）

印刷ディレクター
岡田昌樹（大日本印刷株式会社）

印刷コーディネイター
粟原亜希子（大日本印刷株式会社）

Special thanks
Strange Artifact
Crystaline（クリスタライン）
烏鷺々々亭

The Japanese Steam Punkers!
facebook.com/japanesesteampunkers
https://twitter.com/Steam_Punkers

カバー
モデル●ゆら　写真●その江　イラスト●塚原重義（弥栄堂）
ガジェット協力／淀川シオン
ヘア＆メイク●国府田 圭
スタイリング● MaRy（Strange Artifact）

カバーと P1 ～ 9 の衣装クレジット

カバー、P6
ゴーグルシルクハット￥15,000 ／ corgi-corgi　ギアイヤーフック￥9,000、ギアつきループタイ￥4,800 ／共に DAMYS　サスペンダー￥12,000、ペスト医師マスクリング￥8,000、トランプ兵の識別リング（ハート）￥5,000、レザーアーマーリング（チェス）￥6,000 ／以上 Strange Artifact　＜カバーのみ＞歯車ブローチ￥3,800 ／ DAMYS　銃 VERONICA Mk-1 ￥5,000 ／コレルリア　＜ P6 のみ＞首から下げたゴーグル￥13,333 ／ NUDE N' RUDE

P2、P9
危機裸裸商店スチームパンク special パイレーツ衣装＜ハット、ベスト付きジャケット、中に着たコルセット、クリノリンスカート、ロングドロワーズ＞（価格未定）、ブラウス（参考商品）／以上 Dangerous nude 革命　ヘアクリップ￥4,800、ギアつきループタイ￥4,800 ／共に DAMYS　水晶型時計ペンダント￥4,444、アンティークジャンク懐中時計￥925 ／共にプラスヴォーチェ　オクトパスイヤリング￥1,200、目玉ギアリング￥2,700 ／共に Mai Aimheart　レザーアーマーリング各￥6,000 ／ Strange Artifact ＜ P9 のみ＞スマホケースに付けたギア＆時計文字盤パーツ各￥100～／プラスヴォーチェ

P3
Ritual スペンサージャケット￥36,000、Porter パンツ（参考商品）／共に EXCENTRIQUE　Tomoko Tokuda Steampunk SP necklace ￥41,000 ／ A STORY TOKYO　青晶銃『轟光』￥50,000 ／特撮ギター研究所

P4
ハーネス（参考商品）／ Strange Artifact　振式太刀『震月』￥80,000 ／特撮ギター研究所

P5
オクトパスネックレス￥3,700 ／ Mai Aimheart　アンティークジャンク懐中時計￥925 ／プラスヴォーチェ

P8
スエードボアパイロットキャップ￥1,500 ／ Dangerous nude 革命

※ガジェット類についてのクレジットは P2 にあります
※記載のない衣類・小物は私物です
※商品の問い合わせ先は P134～141 にあります

ISBN 978-4-8399-5681-3　Printed in Japan